我国民族地区经济增长与经济扶持政策研究

陈亮亮　著

中国出版集团有限公司
China Publishing Group Co., Ltd.

研究出版社

图书在版编目 (CIP) 数据

我国民族地区经济增长与经济扶持政策研究 / 陈亮
亮著. -- 北京 : 研究出版社，2023.3

ISBN 978-7-5199-1432-5

Ⅰ.①我… Ⅱ.①陈… Ⅲ.①民族地区经济 - 经济增
长 - 政策 - 研究 - 中国 Ⅳ.①F127.8

中国国家版本馆CIP数据核字(2023)第039977号

出 品 人：赵卜慧
出版统筹：丁　波
责任编辑：范存刚

我国民族地区经济增长与经济扶持政策研究

WOGUO MINZU DIQU JINGJI ZENGZHANG YU JINGJI FUCHI ZHENGCE YANJIU

陈亮亮　著

研究出版社 出版发行

（100006　北京市东城区灯市口大街100号华腾商务楼）

北京云浩印刷有限责任公司印刷　新华书店经销

2023年3月第1版　2023年3月第1次印刷

开本：710毫米×1000毫米　1/16　印张：12.5

字数：174千字

ISBN 978-7-5199-1432-5　定价：79.00元

电话（010）64217619　64217652（发行部）

本书受北京文化产业与出版传媒研究基地资助

前　言

　　我国的民族经济扶持政策是党和国家为了扶持和帮助民族地区发展经济所实行的特殊政策，是党的民族扶持政策和国家经济政策的有机结合，其实质是党和国家调动特殊的资源，扶持、帮助民族地区发展经济及文化、教育等各项社会事业。因此，民族经济扶持政策的实施，对我国民族地区经济发展、社会进步和民族团结作用显著，意义重大。与其他区域的经济政策相比，民族地区的经济扶持政策具有一定的特殊性。一是政策对象主体和范围更加明确，即全体少数民族（除汉族以外其他民族群体）和民族地区；二是民族地区具有特殊的地理、生态、资源和文化环境，需要因地制宜制定合适的政策，不可照搬照抄其他地区的发展政策；三是民族经济政策有其自身完整的政策结构和政策系统，这决定了它在制定和实施过程中具有不同于其他区域经济政策的基本原则。

　　本书剖析了改革开放以来40余年我国民族经济扶持政策的演进过程，包括对政策思想的发展脉络的分析，以及分别从财政、税收、金融、工业、农牧林业、边贸、对口支援和扶贫等具体类别对政策的演进过程进行梳理。本书以民族八省区近10年的经济发展数据为基础，研究了我国民族地区的经济增长现状，接着又分别从三次产业占比、工业结构和三大需求这三个角度来解析当前民族地区经济增长的主要驱动要素，厘清从经济扶持政策到经济增长的传导路径。本书具体以内蒙古自治区为例，分别从财政、税收和金融三个角度分析政策对经济增长的影响，构建财政、税收和金融政策影响经济增长的传导路径，接着以内蒙古全区和各盟市的近年经济数据进行计量分析，根据得到的结果有针对性地提出政策建议。本书最后提出了适应民族地区发展的新思考，为政策的制定和实施提供参考。

全书分为八章，分别是我国民族地区与扶持政策概述、经济增长基础理论、我国民族经济扶持政策的演进分析、我国民族地区的经济增长现状分析、财政政策对内蒙古自治区经济增长的影响机制分析、税收政策对内蒙古自治区经济增长的影响机制分析、金融政策对内蒙古自治区经济增长的影响机制分析、我国民族地区经济扶持政策展望。本书编写过程中，田志虹、洪福霞提出了很好的建议，并参与了部分内容的写作，在此特别致谢。

书中内容研究参考了大量文献，并整理了大量相关国家政策，尽管如此，限于作者水平有限，对于不同概念、政策的理解和不同单位及机构的描述、特别是文献收录和标注方面，必然存在不够详尽完备之处，作者撰写本书过程中考虑到受新冠病毒感染疫情的影响，部分政策的停歇影响了所需数据的完整性，故本书没有使用2019至2022年的统计数据，敬请广大读者和有关专家学者批评指正，以便今后逐步完善。

目　录

第一章　民族地区与扶持政策概述

民族地区通常是我们对于除汉族以外民族的主要定居地区的简称。之前的研究和文献多用"少数民族"这一词语，一般包含两方面含义：第一种含义是在除汉族以外其他民族居住人口的层面上，另一种含义是在行政区划的层面上。随着经济发展和人员的流动，我国除汉族以外民族居住地区的人口比例变化波动频繁，学界基本采用了国家行政区划层面的民族地区来进行研究。通常我们讨论的少数民族中的"少数"两字并不是少量，而是一个相对的概念，并非特指民族人口数量的稀少。在我国少数民族的定义中，国家明确指出少数民族是指除我国汉民族以外的五十五个民族。除汉族以外，其他民族由于历史和多方面原因分布在我国不同省、自治区、直辖市，全国大部分县级单位地区都有两个或两个以上的民族居住。

为了便于统计，在本书中笔者将民族地区界定为"民族八省区"，主要包含我国的五个民族自治区和三个除汉族以外其他民族较多的省份，具体为新疆、内蒙古、宁夏、西藏、广西、青海、云南和贵州，总面积为565.28万平方千米，总人口约1.95亿人。其中，除汉族以外其他民族人口超7000万，占全国除汉族以外其他民族总人口的六成左右。

民族地区经济指的是除汉族以外其他民族地区的经济，在我国包含两方面含义：一是指除汉族以外其他民族实际居住地区的经济，二是指民族自治地方的经济。民族自治地方人口统计也包含了两个部分，除汉族以外其他民族人口和我国的汉族人口，对应的经济也可以分为除汉族以外其他民族相关的经济和汉族相关的经济。

自中华人民共和国成立以来，党和国家一直非常重视民族问题，并建立了民族区域自治制度。由于受历史、地理、文化等因素的影响，及我国改革开放以来经济快速增长带来的区域经济不平衡，民族地区多为经济不发达或欠发达地区，我国政府对民族地区的经济、社会发展实施了多种扶持政策和优惠政策，很好地促进了国家的稳定和民族的团结。在我国，发展是解决民族问题的根本途径，也是巩固民族团结的物质基础。加快民族地区的经济发展是当前乃至未来较长时期内我国民族工作的重中之重。

为了发展民族地区经济、扶持三次产业，党和国家近年来实行了民族经济扶持这一特殊政策。此政策将党的民族扶持政策和国家经济政策有机结合，其实质是为扶持、帮助民族地区发展经济、文化及教育等各项社会事业而调动特殊的资源。因此，民族经济扶持政策能否顺利实施，关系到我国民族地区的经济发展、人民团结和社会的进步，对我国具有重大意义。同时民族经济扶持政策又具备一定的特殊性，主要体现在：

（1）政策面对对象的特殊性。民族经济政策的实施对象是除汉族以外的其他民族群体及民族地区，与一般的区域经济政策相比，作用的主体和范围更为明确和具体。

（2）政策环境的特殊性。民族地区在地理、生态、人文和经济环境等方面的特殊性，需要在制定民族经济扶持政策过程中具体体现。从具体的地理位置、具体的民族文化等方面进行前期调研，可以为制定和实施民族经济政策提供重要的参考。政策环境的特殊性还体现在不能从其他实施经济扶持政策效果好的非民族地区，如我国东南沿海地区直接照搬借鉴。目标地区的特殊性和目标主体的特殊性给经济扶持政策的制定提出了挑战。

（3）政策原则的特殊性。与我国一般区域经济政策相比，民族地区经济政策在政策结构和政策系统两方面都具有自身的独特性。这决定了与其他区域经济政策相比，民族地区经济政策在制定和实施过程中必须坚持国家的扶持同民族地区自身发展相结合的基本原则。国家针对民族地区的财政、人力调配、重大项目投资及相关政策方面的倾斜，可以加快民族地区脱贫，使民族地区快速走上经济增长的道路。

在分析民族地区经济增长方面，郑长德从包容性增长的视角出发，认为民族地区经济增长主要是由资源密集型产业和政府投资驱动引致的，建议要转变经济发展的方式，实现包容性发展。

在非经济因素对民族地区经济影响研究方面，李明文以云南澜沧拉祜族自治县竹塘乡为研究对象，分析了非经济因素对多民族贫困地区经济发展的影响。研究中常见的主要因素有生活习俗、历史、社会发育程度和传统价值观念等。学者们纷纷指出，非经济因素在民族地区经济发展中也需要重视和借助。此外，张千友和王兴华研究了民族地区自然资源的开发利用对地区经济增长贡献率的影响，认为应当扶植区域主导产业、调整产业结构、完善资源价格形成机制等，从而转变经济发展方式，实现可持续发展。

此外，民族经济政策也一直是研究的热点，主要集中在政策发展历程研究和现有政策的归纳整理方面。同时，学者对政策有效性进行了着重研究。张红梅认为民族地区政策的时效性对地区经济增长有一定的滞后影响。

前人的研究为本书的研究提供了有益的启发和借鉴。从我国近年来实施的民族经济扶持政策和全社会整体发展看，研究民族地区的经济扶持政策对于推动民族地区经济发展有着重要的现实意义。本书借鉴了非民族经济研究文献中的方法，通过合理运用这些分析手段，对民族地区经济扶持政策的发展、分类、现状和作用机理进行分析，从财政政策、税收政策和金融政策三个主要角度，来研究其与民族地区经济增长的关系。之后，结合我国当前所处的国内经济环境，建设性地提出促进内蒙古自治区经济发展的建议。

第二章　经济增长基础理论

一、经济增长理论

（一）新古典经济增长理论

新古典增长模型是由罗伯特·默顿·索洛（Robert Merton Solow）最早提出的，他认为经济增长是两个内生变量——劳动和资本共同作用的结果；与此同时，经济的增长也是技术进步这一外生变量的结果。20世纪经济增长研究起源于新古典经济增长模型的建立。索洛模型得出以下重要结果：经济增长需要技术进步的驱动；储蓄率的变化对经济增长有一定的影响，但影响只是暂时性的，在影响消失后，增长率回到初始水平；经济增长有收敛性。证明长期经济增长的驱动因素不是物质资本的积累，是新古典经济增长模型的重要贡献。同时模型预测出长期经济增长趋于收敛，也就是社会不同经济体中的人均经济增长水平差距将逐渐缩小。

（二）新经济增长理论

新经济增长理论所描述的经济增长源于规模报酬递增和内生技术进步，属于内生经济增长理论。与新古典经济增长理论相比，新经济增长理论减去了规模报酬率不变的假设，克服了增长率的外生不足。最早的内生经济增长模型强调在整个经济过程中都存在技术溢出，经济增长与人口的增长和劳动力的增加等外生变量无关，而技术进步因素这个内生因素起到了决定作用。

保罗·罗默（Paul M. Romer）认为经济增长的驱动力是知识积累，并提出了一种利用知识来解决劳动有效性问题的知识溢出模型。他认为，通过对知识的掌握和应用，知识的成本也会由高至低并进一步扩大传播。在罗默的新增长模型中，一个拥有足够人力资本库的经济体是经济增长的关键。一个国家的经济持续增长源于三方面的共同作用，包括物质资本的累积，人力资源的投入以及技术的研发。罗伯特·卢卡斯（Robert Lucas）提出了人力资本溢出模型，分析了知识溢出的外部性影响，指出人力资本的外溢也有利于资本深化和经济持续增长。

二、巴罗和萨拉-伊-马丁政府支出增长模型

在巴罗和萨拉-伊-马丁增长模型中，政府支出是"增长的催化剂"。这是因为私人市场无法提高私人资产生产的"公共资本资产"，通过对私人收入征税，假定政府就能提供这些公共投入并最终以私人投入一样的比例增长，由此影响人均收入和消费的增长并进而导致增长率持久的经济差异。

这一模型提出，政府支出可以催生经济长期增长，政府通过提供私人部门无法提供的具有生产功能的"公共资本品"，从而带动经济增长率的上升。这一模型指出经济增长与政府规模之间呈现出倒U形曲线，即在政府规模较小时，政府的规模增加会促进经济增长，当政府规模较大时，政府规模的增加会导致经济增长的下降。

该模型同时指出，政府活动与私人投入同时具有生产性，并且政府的活动与私人投入之间存在着互补关系，政府支出不变或是减少会导致私人投入收益递减，而政府支出的相应增加就会使得经济具有规模不变收益，从而促进经济增长。

这一模型同时对政府进行了分类。若政府仁慈且具有效率，则会促进经济增长，提高福利；反之，自利的政府会降低经济增长与福利。

三、基于凯恩斯经济理论的税收与经济增长理论

经济增长是指一个国家或地区在一定时期内（通常是一年）总产出的增长。一个国家或地区的总产出通常用经济指标GDP来表示。国内生产总值（GDP）可以反映某一地区或某一国家在某一时间段经济增长的状况，同时也可以通过这一指标在不同地区、不同国家之间进行对比。GDP的支出法是通过一个国家或一个地区购买产品总的支出来确定当地的GDP，如：

$$Y = C + I + G \qquad \text{（公式2.1）}$$

其中，Y：国民生产总值（GDP），即总支出；C：总消费；I：总投资；G：政府购买。

在凯恩斯的消费理论中，居民的消费会随着收入的增加而增加，我们可以用可支配收入的方法来表示消费函数：

$$C = \alpha + \beta(Y - T)，0 < \beta < 1 \qquad \text{（公式2.2）}$$

其中，α：自发性消费；β：边际消费倾向，边际消费在0和1之间意味着收入增长大于消费增长；T：税收；$(Y - T)$：居民可支配收入。把公式2.2带入公式2.1即形成了在凯恩斯模型的基础上的关于税收的国内生产总值模型：

$$Y = (\alpha - \beta T + I + G)/(1 - \beta) \qquad \text{（公式2.3）}$$

从以上公式可以看出，在其他方面支出不变的条件下，社会中居民收入变动一个单位导致总产出水平变动$-\beta(1-\beta)$个单位，此时$KT = (-\beta)/-\beta(1-\beta)$，被称为税收乘数，它表示税收变动所引起的总产出水平的变动程度。由公式2.2可知$0 < \beta < 1$，因此税收与总产出之间呈现出反向变

动，也就是当税收增加一个单位时，总产出会下降 $\beta(1-\beta)$ 个单位，而当税收降低一个单位时，总产出会增加 $\beta(1-\beta)$ 个单位。

四、金融政策和经济增长的理论基础

金融与当今经济发展有密不可分的联系，金融发展过快或过慢都会在一定程度上抑制经济增长。金融发展一般是指金融体系的规模或金融效率的提高。经济增长通常描述一个地区或一个国家的经济规模以及生产能力的扩大，一般用GDP以及GNP来描述经济增长的情况。通货会影响到市场上的价格，使用不变的价格计算可以得到社会实际的经济增长情况。而拉动经济增长的"三架马车"分别是投资、出口、消费。

金融发展与经济增长是紧密联系、互相作用的，金融发展在为经济增长服务的同时，对经济增长有巨大的推动作用，但也可能出现一些抑制经济增长的现象。如何把握金融政策与经济增长之间的关系，决定我国是否可以形成良好的经济发展形态，同时也促进了与高速经济发展相匹配的现代金融体系的建立。但是我国金融发展与经济发展之间存在着一定的不匹配，这将导致金融发展抑制我国经济的发展。

（一）金融对经济增长的促进作用

金融的健康发展会积极促进经济发展。

现实中的交易成本降低源于当前货币的大量使用，同时交易变得更加顺利。亚当·斯密提出提高生产力的关键是分工的专业化。逐渐攀升的专业化程度必然带来高效的机器或先进的生产方法的出现。金融的出现可以降低易货交易中需求与时间双重重合所造成的交易成本，促进交易，进而实现专业化程度的上升。

金融对储蓄和投资的带动作用为经济的发展提供资金支持。资金是金融市场不可或缺的发展源动力，而资金的主要来源之一就是储蓄。金融对储蓄率的升降有非常重要的作用，在消费率的作用下当前消费滞后转变为未来消费，实物储蓄也向货币储蓄转化，储蓄就有可能成为未来的投资，体现了金融具备吸收资金的能力。此外，金融是动员储蓄和投资的最佳途径。金融可以将分散的资金有效地聚集起来，避免市场的不对称，又可以满足金融市场中证券化的多样组合需求。

金融的发展使资金在整个社会经济中合理流动，在一定程度上优化了资源配置，带来了资本效率的提高。金融市场中，高风险的投资需要长期的资金支持，而不愿意承担高风险的投资者会降低投资的意愿。金融业可以提供较低风险的投资产品，对冲金融市场中高风险的投资产品，这就使得更多的资金流向周期较长的项目。同时，金融市场也会降低监督成本——投资者在进行投资时会对投资的产品做出评估。这会发现资金使用者夸大投资收益、掩盖经营等问题。此外，金融市场提供了大量就业岗位，推动了经济的增长。

（二）金融对经济发展的阻滞作用

金融活动的不确定性决定了金融市场具有风险。金融业自有资金较少，想要实现资金的运作就必须对零散资金进行吸纳。这需要两个条件：第一个条件是当前的储蓄者要对市场前景抱有足够的信心，对金融机构也要有信心；另一个条件是需要金融机构严格对借款人的信用资质进行筛选，并保持监督。这也意味着风险时刻存在，首先，市场信息的不对称以及投资者对市场的认识不足，使得投资者可能出现挤兑现象，不利于金融业发展；其次，金融机构管理者具有机会主义倾向，他们的投资策略往往具有高风险和高收益的特点。同时贷款者也存在欺瞒和违背合约、套取不合理资金的可能性。

金融与经济运行的密切关系决定金融风险的迅速传播。一方面，金融机构经营方针出现失误会直接导致众多投资者受损；另一方面，银行的经营政策有可能导致金融风险大面积扩散。另外，银行系统中任一银行发生支付困难，产生的不利影响都可能通过支付清算系统传导到系统中的其他银行机构，可能导致投资者恐慌。最后，金融业风险传导迅速，关联面众多，使得某一方面的金融问题可能扩散到整个金融行业，导致经济危机。

金融发展可以促进经济的发展，也可能抑制经济的发展，因此，金融业的发展要与经济发展相匹配，合理利用金融行业这一杠杆，促进当地经济发展。

五、小结

本章对前人的理论进行了梳理，主要包括经济增长理论、财税政策和金融政策的理论。这些理论的主要观点有：经济增长是两个内生变量和一个外生变量共同作用的结果，即劳动、资本和技术水平共同作用；人力资本溢出有助于资本的深化，并有助于维持经济持续增长；如何实现经济的可持续发展是当前经济学研究领域需要解决的核心问题；政府支出是"经济增长的催化剂"；当政府增加支出时，国民收入会随之增加；财政支出政策对经济增长和经济稳定的作用大于税收政策；税收与总产出之间呈现出反向变动，即：税收增加，总产出减少，税收减少，总产出增加；金融增长对经济发展有两方面的作用，可能促进经济增长，也可能抑制经济增长。

第三章　民族地区经济扶持政策的演进分析

我国针对民族地区的经济扶持政策是我党和国家发展民族地区经济、扶持民族产业、帮助民族地区脱贫的重要政策。它不仅是我党和国家对于民族地区的扶持政策，也是国家经济政策的重要内容。扶持政策的实质是党和国家通过调动资源，来支持和帮助民族地区经济发展、文化建设和社会进步。中华人民共和国成立以来，随着国家的整体发展，对民族地区的扶持政策也在调整，旨在更好地带动民族地区经济的发展。

我国民族地区的经济扶持政策是一个立体化的综合体系，它的制度基础是民族地方自治制度；它的经济基础是民族地区社会生产力发展的相对滞后。本章，我们首先分析我国民族地区经济扶持政策制定的主体，然后着重分析1978年实施改革开放至今四十余年，我国民族地区经济扶持政策的演进过程，接着分析民族地区经济扶持政策的制定原则和执行的特点，目的是帮助读者对我国改革开放后的民族地区经济扶持政策的发展脉络有一个清晰的认识。

一、民族地区经济扶持政策制定的主体

政策制定是实施政策的第一阶段，也是最重要的一个阶段。具体到我国民族地区经济扶持政策的制定，其主体是多元的，有国务院制定的全国范围的政策，例如，在1980年2月出台了《关于实行划分收支、分级包干、财政管理体制的通知》，文件中明确提出了中央财政对民族地

区的优惠政策。也有其他部委单独制定或联合制定的部门性、行业性政策，例如，1986年4月4日提出的《国家民委、财政部关于安排好少数民族地区补助费问题的函》中，明确提出各地区要充分考虑物价指数，同时结合地方财政的具体情况增加补助费的指标。此外，地方政府也根据中央精神，结合本地特点，制定适合本地的政策。例如，2007年，在国务院发布《兴边富民行动"十一五"规划》后，次年黑龙江省印发了《黑龙江省兴边富民行动"十一五"规划》，吉林省印发了《吉林省兴边富民行动2008—2010年规划》，并提出了相应的措施。

二、国家宏观战略和民族地区经济政策思想的演进

（一）1978年开始的改革开放初期阶段

20世纪70年代中后期，随着社会进程的发展，社会经济秩序逐渐恢复正常，经济发展获得了难得的机遇。1978年党的十一届三中全会做出将国家的工作重点转移到社会主义现代化建设和改革开放上来的决策。这也标志着我国进入了一个新的时期，开始实行对内改革、对外开放的政策。国家提出"要坚持区域经济协调发展，逐步缩小地区发展差距"，要把加快东部地区发展和对中西部地区基础设施建设的投入相结合。

这一阶段，国家正式走上了经济建设之路，民族政策的主导思想也从仅仅关注民族团结和民族政治平等，转向重点关注民族经济平等、发展民族地区经济和解决民族地区贫困问题。这一阶段的民族地区经济扶持政策处在初步发展的阶段，主要沿袭了计划经济时代的政策特点，以"财政补助补贴""减免税"等政策为主。

（二）1992年开始的社会主义市场经济体制改革阶段

1992年，党的十四大报告总结了我国十一届三中全会以来的社会主义发展实践经验，确定了当时我国经济体制改革的目标即建立社会主义市场经济体制，提出了学习邓小平理论的重要性并用其武装全党。党的十四大通过的《中国共产党章程（修正案）》确定了建设中国特色社会主义理论和党的基本路线，明确提出了建立社会主义市场经济体制的目标。这标志着我国进入社会主义市场经济体制改革阶段。

在上一阶段的建设中，东西部地区之间、沿海地区和内陆地区之间的差距进一步加大。针对这种区域间的差距，国家"八五"计划提出要正确处理全局统筹和地区发展的关系。在国家"九五"计划中第一次把东部、中部和西部的区域间协调发展战略纳入我国社会发展和国民经济的指导方针中。因此，主要分布在西部不发达地区的民族地区发展建设的重要性进一步凸显。

在1992年开始的改革阶段，我国民族地区经济扶持政策的基本思路也从较为简单的"计划经济"特色向建立发展中的市场经济体制和改革开放政策等方面相契合的方向转变。市场经济成为实现民族地区经济快速可持续增长的主要支撑。在这一阶段，国家采取在"分税制"财政体制框架之下的转移支付政策，既保留了上一阶段的各类补贴补助，还加强了对民族地区的转移支付的力度。同时，在其他政策方面推出了更加细化的条款。

（三）2000年至2012年的新世纪初期发展阶段

进入新世纪，我国的国家战略规划有了一些新的变化。2000年，为了解决我国东西部经济发展差距持续拉大的问题，国家的"十五"计划正式确立了促进地区协调发展的西部大开发战略。2001年，我国成功加入世贸组织（WTO），标志着我国的对外开放进入一个全新的阶段。2002年，党的十六大报告结合当时我国人民温饱问题全面解决、人民收入进一步提升的情况，提出了下一阶段的发展构想，即全面建设小康社会。2003年，东北老工业基地振兴战略提出。2005年，废止了中华人民共和国实施近50年的农业税收条例，终结了我国延续两千多年的这一税种。2005年，建设社会主义新农村被提上政府工作日程。与此同时，国家还提出了主体功能区战略，明确把土地空间划分为四大功能区，开发权限从鼓励到禁止，包含优化开发、重点开发、限制开发和禁止开发四种。各地政府根据地区经济发展总体规划，明确规范空间的使用，保证开发结构的合理性，同时土地开发情况被纳入地区政府的绩效评价。

可以看到，在这一阶段国家密集出台了一系列重大战略决策，改革开放工作更加深化、细化，民族地区的经济政策也在党和国家的关心下积极调整，向着利好的方向发展。例如，以转移支付为主的民族财政政策进一步深化。税收作为西部地区经济增长和经济结构调整的手段，其作用被进一步放大。一系列基础设施和能源矿产项目的上马，也极大地拉动了西部民族地区的发展。我国加入WTO后，国家对民族贸易实行对外经济贸易政策，包括"新的民贸三项照顾政策"和以西部大开发政策为基础的对外贸易政策，民族地区的边境贸易在这些政策的推动下发展迅速。《中国农村扶贫开发纲要（2011—2020年）》于2011年出台，纲要中指出的集中连片特殊困难地区成为扶贫攻坚主战场。

在这一阶段，民族经济政策的一个较大的转变是更加重视发展民族地区的特色产业、重视利用民族地区的优势资源，并且重视民族地区的生态环境保护，用提高人民的生活质量和满意度来取代简单的经济增长速度，统筹考虑全国经济布局和可持续发展。

（四）2013年至今

2013年是我国改革开放进入新的历史阶段的重要节点。这一年，《中共中央关于全面深化改革若干重大问题的决定》在党的十八届三中全会上审议通过，《决定》绘制了"三位一体改革思路、八个重点改革领域、三个关联性改革组合"的中国新一轮改革路线图。

2012年以来，中国经济增速开始回落。2012年、2013年和2014年我国经济的增长率分别为7.7%、7.7%和7.4%，告别了过去30多年年均10%左右的快速增长。中国经济进入了一个不同于过去30年高速增长时期的新阶段。习近平总书记提出了"经济新常态"的理念来勾勒这一情况。现阶段，中国经济由快速增长向中高速增长转变，经济结构由要素驱动、投资驱动向创新驱动优化升级。

2013年9月和10月，习近平总书记提出了建设"新丝绸之路经济带"和"21世纪海上丝绸之路"两个全球性经济合作倡议。两个倡议成为今后我国对外开放的总纲领，成为开启我国全面深化改革的总钥匙。在这种经济新常态下，"一带一路"倡议确保了我国构建开放型经济的新体制，为全国各领域改革发展特别是供给侧改革奠定了坚实的基础。

此阶段，增长速度换挡导致的经济增长失速、内外需不足导致的消费拉动乏力、淘汰过剩产能优化产业结构带来的调整阵痛、国际金融危机、宽松刺激政策退出等因素带来的经济问题逐步传导至民族地区，并与民族地区经济发展的天然缺陷叠加形成波尾效应，导致民族地区经济发展面临前所未有的困难局面和复杂局势。在这个阶段，民族经济政策也随着国家宏观形势的变化而进行调整。2014年，党中央和国务院印发《关于加强和改进新形势下民族工作的意见》指出，要明确民族地区经济社会发展基本思路，紧紧围绕全面建成小康社会目标，深入实施西部大开发战略，以提高基本公共服务水平、改善民生为首要任务，以扶贫攻坚为重点，以教育、就业、产业结构调整、基础设施建设和生态环境保护为着力点，以促进市场要素流动与加强各民族交往交流交融相贯通为途径，把发展落实到解决区域性共同问题、增进群众福祉、促进民族团结上，推动各民族和睦相处、和衷共济、和谐发展，走出一条具有中国特色、民族地区特点的科学发展路子。要完善差别化支持政策，进一步完善一般性财政转移支付增长机制，率先在民族地区实行资源有偿使用制度和生态补偿制度，充分发挥政策性金融作用，加大银行、证券、保险对民族地区的支持力度，支持民族地区以建设丝绸之路经济带和21世纪海上丝绸之路为契机，在口岸建设、基础设施互联互通等方面给予扶持，完善对口支援工作机制，重点向基层特别是农牧区倾斜，结合"十三五"规划制定，继续编制并实施国家扶持人口较少民族发展规划、兴边富民行动规划、少数民族事业规划。要支持教育事业优先发展，把义务教育和职业教育作为重中之重。要多措并举扩大就业，支持发展农牧业、农畜产品加工业，鼓励发展农牧民专业合作组织，促进农牧民就业和稳定持续增收。要加快产业结构调整，大力发展现代农牧业、民族手工业、旅游业等特色产业，努力提升民族品牌培育和企业质量管理水平。要推进基础设施建设和城镇化进程，加快建设交通、水利、信息、能源、科技、环保、防灾减灾等项目。要集中力量扶贫攻坚，坚持民族和区域相统筹，建立精准扶贫工作机制，积极发展特色优势产业，增强自我发展的造血能力。

可以看到，本阶段民族地区经济政策思想有如下几个特点：

（1）民族地区经济政策的关键问题是处理民族地区群众最关心、最直接、最现实的民生问题。通过"问题导向"，把思想经济政策体现为解决实际问题的具体指南，形成目标明确、机制健全、动力明显的一系列经济政策，深化改革，以实现经济发展战略目标。

（2）在注重"输血"的同时，更要注重增强民族地区自我发展的

"造血"能力。通过改变政府对民族地区扶持资金的投资方式，由直接补助转为股权投资，由政府监管转为资金运作，建设方式由政府直接建设转为政府和社会资本合作模式，激活公众创业和创新，促进民族经济发展。

（3）采用"定向扶贫"的方式。变"漫灌式"扶贫为"滴灌式"扶贫，确保扶贫工作到点、到家。同时，要尊重市场的决定性作用，尊重民族地区经济主体的创造性，形成"政府引导、市场调节、企业竞争、个人参与"的良性循环的长效机制，巩固贫困民族的增收基础，从根本上解决贫困问题。

（4）优化民族金融服务体系，强化政策性银行对民族地区金融发展的积极作用，提高商业银行组织和服务除汉族以外其他民族金融的能力。

（5）探究符合民族地区发展阶段的城镇化发展模式，着重发展新兴制造业和服务业，提升旅游业比重，增强区域创新活力，加强民族地区核心竞争力，建设民族地区特色产业集群。

三、民族地区经济扶持政策的演进过程

每一项具体的民族地区经济扶持政策从制定到废止都是一个完整的生命周期，随着时间的推进，多个不同的政策"出生""发展"和"消亡"，像一朵朵浪花共同构成了我国民族地区经济扶持政策这条长河的演进过程。

1978年，党的十一届三中全会确定了社会主义现代化建设的工作重点。1992年，建设社会主义市场经济在党的十四大被提出。2000年，《中共中央关于制定国民经济和社会发展第十个五年计划的建议》在党的十五届五中全会通过，确定了西部大开发的战略，也明确了西部大开

发战略对于协调中西部的经济发展，全社会稳定迈向共同富裕的重要意义。如果我们绘制一张坐标图来描述我国民族地区经济扶持政策的演进过程，那么时间轴就分为四个阶段，即1978年开始的改革开放初期阶段、1992年开始的社会主义市场经济体制的改革阶段、2000年至2012年的新世纪发展阶段和2013年至今。在这四个阶段中，国家的宏观战略和发展重点有了一定的变化，民族经济政策也相应做了调整。接下来，我们将从财政、税收、金融、工业、农牧林业、边贸和商业、对口支援政策和扶贫工作几个维度来具体分析经济扶持政策在这四个阶段中的内容和变化。

（一）财政政策的演进过程

（1）1978年开始的改革开放初期阶段

从1980年开始，国家对民族地区的补贴是在"分级包干"的财政政策的框架下实现的。1980年之后的10年间，中央财政对民族八省区补助多达800亿元。主要财政政策包括以下几个方面：

从1980年开始，我国民族八省区和其他民族自治区的收入全部留作自用，超支部分由中央财政补贴。补助数额以1979年为基数每年递增10%，5年不变。民族地区机动金、预备费、一般补助费纳入地方包干的范围。1988年，确定了"定额补助"政策，即按原来收支基数核定后支出多于收入的部分实行固定数额的补助。

由中央专项拨款设立支援经济不发达地区发展资金，主要扶持对象为边远地区、民族地区、老革命根据地和经济基础比较差的地区。

从1986年开始，国家增加了扶贫贴息贷款和以工代赈资金政策，其中很大一部分用于民族地区。

（2）1992年开始的社会主义市场经济体制的改革阶段

1993年12月，《关于实行分税制财政管理体制的决定》由国务院颁布，规定"自1994年起，在各省、自治区、直辖市、计划单列市实行分税制财政体制，初步建立与市场经济发展相适应的财政体制新框架"。原有的对民族地区的补助政策和对民族地区的专项拨款等政策在分税制财政体制框架之下被全部保留。《过渡期转移支付办法》于1995年出台，考虑到民族地区的具体情况，在保证一般性转移支付的前提下增强了政策性的转移支付。

（3）2000年至2012年的新世纪初期发展阶段

以转移支付为主的民族地区财政政策被进一步深化。这一时期，转移支付主要包括了四大方面内容，即一般性的财政转移支付、财政转移支付、地区专项和其他方式的转移支付。民族地区财政政策的深化可以进一步平衡民族地区的各项公共服务支出的成本差异。从2000年起，中央还将民族地区每年增值税增量的80%返还地方，并且增加了专项转移支付的数量。此外，中央还加大了对艰苦边远地区生态建设和环境保护等方面的扶持力度，包括调整工资和减免税收等。

从2009年起，中央简化了对地方的转移支付，只包括一般和专项两项支付内容。一般性转移支付是中央对地方的财力补助，不指定用途，地方可自主安排支出，而专项转移支付则有明确的政策目标。代表性的专项财政转移支付有西部地区基层政权建设资金（2003年）、边境地区专项转移支付（2009年）、游牧民定居工程（2009年），等等。

2006年，《少数民族发展资金管理办法》由财政部和国家民族事务委员会联合印发。办法中明确了民族发展资金的概念，指出"由中央财政设立的用于支持贫困民族地区推进兴边富民行动、扶持人口较少民发展、改善民族生产生活条件的专项资金，是中央财政扶贫资金的组成部分"。主要用于民族地区"改善生产生活基础条件，包括修建乡村人畜饮水、电、路、便桥、农村能源等设施，以及改造特困群众的茅草房、危房；培训民族群众劳动技能、推广先进适用的生产技术；发展具有一定资源优势和地方特色的种植业、养殖业、农产品加工业、手工业和民族特色旅游产业"。

中国人民银行还在民族地区实行了优惠的贷款条件和利率政策。此项优惠政策主要下调了民族地区企业的流动资金贷款利率部分，贷款利率的月息在原有月息上减少2.4厘；继续支持民族地区民族贸易的网点扩展建设，增加对民族特需商品定点生产加工企业技术改造的贴息贷款规模。

（4）2013年至今

在这一阶段，中央财政继续加大力度保证对我国民族地区的转移支付，尤其重视民族地区基本公共服务保障能力的提升。中央增加转移支付的规模和范围，将五个民族自治区（内蒙古、广西、西藏、宁夏、新疆）和三个财政体制上视同除汉族以外其他民族地区对待的省份（青海、云南、贵州），以及民族自治州、民族自治县都统一纳入民族地区转移支付范围。中央还加大了对除汉族以外其他民族占比大、除汉族以外其他民族种类多、人口较少民族分布丰富地区的支持力度。

2019年5月，财政部出台了新的《民族地区转移支付办法》，2010年版支付方法同时废止。新的《民族地区转移支付办法》中，各民族自治县转移支付额确定方法有了变化，从"上一年度分配数基础上，统一按照前三年全国国内增值税收入平均增长率确定"修改为"在上一年度分配数基础上，统一按照当年全国民族地区转移支付增幅确定"。2019年11月，中央下达2020年民族地区转移支付847亿元。财政部要求各地根据省级以下财政体制和行政区域内财力分布情况，加大对财政困难地区的支持力度，针对医疗卫生的保障、中小学义务教育和社会保障等政府基本的公共服务支出给予该项转移支付资金的重点支持，积极改善民生。同时下达2020年边境地区转移支付184.27亿元，主要支持边境地区用于陆地边境和海洋事务管理、改善边境地区民生、促进边境贸易发展。

（二）税收政策的演进过程

（1）1978年开始的改革开放初期阶段

这一时期民族地区的特殊税收待遇主要是实行部分减免政策。1979年，国家免除边疆县和民族自治县乡镇企业工商所得税，共实施五年；定期减征民族贸易"三照顾"地区民族用品手工业企业所得税；对民族八省区基建企业按降低成本额分成。1985年，对民族贸易"三照顾"县商业企业免征三年的建筑税；免征民族贸易三照顾地区中医药及商业的建设税和能源税；减免我国"老、少、边、贫"地区的所得税；对贫困户尤其是有温饱问题的人口进行农牧业税减免。1991年，扶持民族贸易县及县以下地区企业税收政策开始实施，此政策中着重对对应地区的营业税和企业所得税进行适当的减免。

（2）1992年开始的社会主义市场经济体制的改革阶段

这一时期，继续之前的减免税政策，另外还把优惠对象扩大到了农户和进口商品。按时间顺序出台的主要政策如下：

1992年，国家规定了调节税的减免政策，主要针对除汉族以外其他民族聚居地区中三次产业的固定资产投资方向调节税。

1993年，国务院颁布《中华人民共和国企业所得税暂行条例》，规定各级政府根据所在地区除汉族以外其他民族区域的具体情况，实行定期减免税政策，鼓励除汉族以外其他民族地区企业经营发展。

1994年，国务院颁布的《国务院关于对农业收入征收农业税的规定》中发布了对民族地区中处于贫困及有温饱问题的农户进行免税的政策。

1994年至1997年，国家针对"老、少、边、穷"四类地区，实行新办企业的所得税减免三年的税收政策。

1995年，对部分边贸进口商品免税及减税。

（3）2000年至2012年的新世纪初期发展阶段

这一阶段，国家细化了减免税的政策，目的是优化西部民族地区的产业结构、经济增长驱动力和发展环境；同时，保护生态环境也成为民族地区发展中的重要一环。按时间顺序主要的出台政策如下：

2001年至2003年，对设在中西部地区的外商投资企业进行减征企业所得税。

2001年至2010年，对西部地区和民族地区的企业可以定期减免企业所得税。西部地区中运输交通行业新办企业、电力水利行业新办企业以及广播电视和邮政行业等行业的新办企业实行从新办年开始前两年免征所得税的税收优惠政策，在新办企业的第三年减半征收所得税。同时考虑到对生态环境的保护，在中央对西部地区实行了退耕还林、退耕还草政策的基础上，在税收中免除十年所在地区对农业特色产品征收的农业特产税。

2001年至2005年，对定点生产和经销边销茶免征增值税。

2011年，对民族地区相关产业免征进口设备关税。具体为免征部分民族地区的内资、外商投资鼓励类产业和相关的民族地区优势产业的投资总额内进口的自用设备的关税。

2011年至2020年，按照《西部地区鼓励类产业目录》的产业项目，对主营业务为目录中所列的产业项目企业，且该企业的主营业务收入占总收入70%以上的，企业所得税按照优惠15%的税率进行征收。

（4）2013年至今

2011年和2016年，财政部分别延长了边销茶增值税优惠政策的有效期限。

2016年，财政部联合国家税务总局、国家发展改革委、工业和信息化部完善了《新疆困难地区重点鼓励发展产业企业所得税优惠目录》。在这一目录范围内的新办企业，至2020年12月31日止，新疆维吾尔自治区困难地区中企业从产生营业收入的第一年开始两年内减免企业所得税，企业从第三年开始到第五年的企业所得税减半。享受企业所得税定期减免税政策的企业，在减半期内，按照企业所得税25%的法定税率计算的应纳税额减半征税。

2018年，国家税务总局发布了《支持脱贫攻坚税收优惠政策指引》。在支持脱贫攻坚方面，我国目前的税收支持政策已经达到100项左右，基本涉及三个主要方面：支持贫困地区基础设施建设，对公共基础设施项目、农田水利建设、农村饮水工程等予以税收减免；对农业生产者销售的自产农产品免征增值税；对农、林、牧、渔业项目减免企业所得税、个人所得税等。

（三）金融政策的演进过程

（1）1978年开始的改革开放初期阶段

在这一阶段，我国的金融管理是高度统一的垂直领导体制。1985年、1988年和1993年，我国发生了三次通货膨胀，主要发生在我国东南沿海的部分地区，在大部分民族地区通货膨胀的现象不显著。由于多方面原因，当时的中央银行没有考虑到这种地区上的差别，实施了所谓

"一刀切"的紧缩货币政策，虽然稳定了东南沿海地区的金融市场，但导致民族地区金融雪上加霜。

在这样的背景下，我国开始针对民族地区的金融市场给予特殊的金融政策。与此同时，国家也开始专门制定针对民族地区的多种金融政策，包括民族地区优惠贷款利率政策、民族地区专项贷款计划和外汇专项政策等。具体介绍如下：

贷款优惠政策。参与民族贸易和制造、生产民族地区人民生活用品的企业在此政策下受惠。央行在1981年开始执行《全国民族贸易和民族用品生产企业给予低息贷款的通知》，对符合要求的企业贷款实行月息3‰的低息照顾。中国人民银行联合国家民委、国家财政部以及中国工商银行和中国农业银行共同在1987年发布通知，继续对政策下企业的贷款实行月息4.2‰的优惠利率。

专项贴息贷款优惠政策。1986年，中央新增加10亿元专项贴息贷款，且连续5年每年都发放。1989年，针对当时牧区的扶贫项目落实度不够和投资方向偏差等问题，国务院贫困地区经济开发领导小组联合国家民委和农业部以及中国农业银行协同研究并发布新管理办法，参照1986年管理办法对贷款管理办法进行浮动性调整。

贸易贷款的优惠政策。它是以我国民族贸易县为执行对象的政策。央行在1991年发布优惠利率通知，更新民族贸易贷款年利率至5.76%，通知中规定了贷款利息为8.64%，其中的差额按照季度返还企业。从1991年9月21日起，央行对农业银行发放的民族贸易贷款按年利率2.88%给予补贴。

（2）1992年开始的社会主义市场经济体制的改革阶段

《中国农业银行少数民族地区乡镇企业贴息贷款管理暂行办法》在1992年开始实施，其中"在八五期间，在中国人民银行核定的乡镇企业贷款总规模中，中国农业银行每年新增1亿元的专项贷款用于扶持民族地区的乡镇企业，新增贷款第一年的利息由中央财政和省级财政各负担一半，之后年度依照当年具体情况制定"。在1992年至1994年，央行公布了针对民族用品生产和拓展民族贸易网点的优惠贷款政策。

（3）2000年至2012年的新世纪初期发展阶段

西部地区尤其是民族地区在西部大开发的战略背景下，发布了一系列的特殊金融支持政策。这些政策使得大部分西部民族地区的贷款利率和保险费率都低于全国平均水平。在这一阶段，我国整体民族地区的贷款总额节节升高，截至2012年，我国西部地区贷款余额为12.1亿元，贷款余额增速比全国平均高2.7%，新疆维吾尔自治区累计发放的贴息额、优惠贷款额以及区内受惠企业规模指标列全国第一。

（4）2013年至今

2005年，联合国提出了"Inclusive Financial System"，即包容性金融（我国译为"普惠金融"），主要含义是"以可负担的成本为有金融服务需求的社会各阶层和群体提供适当、有效的金融服务"。小型企业、微型企业、家庭作坊式企业和农民、城镇低收入人群等弱势群体是普惠金融的重点服务对象

2015年，中央发布《推进普惠金融发展规划（2016—2020）》，首次提出"要在一些典型地区进行全方位的普惠金融综合改革试验，重点服务小型企业、微型企业、家庭作坊式企业和贫困人群和残疾人、城镇低收入人群、老年人、农民等特殊群体，普惠金融改革试点由此展开"。2016年，财政部出台了《普惠金融发展专项资金管理办法》，普惠金融这一概念也被广泛应用于金融机构的运营管理。2016年，河南兰考正式成为我国首个普惠金融改革试验区。2017年，全国普惠金融改革试验区

建设工作开始全面推进。

2016年6月，中国人民银行批复同意开展青海省普惠金融综合示范区试点工作，并印发《青海省普惠金融综合示范区试点方案》。这些措施有效缓解了贫困户贷款难问题，有力助推了全省25个贫困县摘帽、1455个贫困村退出、45万贫困人口脱贫。截至2019年6月末，全省个人金融精准扶贫贷款余额40.03亿元，较试点前增长173.24%；"两权"抵押贷款余额3.17亿元，较试点前大幅增长1387.01%。

（四）工业政策的演进过程

（1）1978年开始的改革开放初期阶段

1986年，我国通过了《中华人民共和国矿产资源法》，要求经济建设和活动必须在照顾民族地区的利益基础上进行。1988年，我国通过了《中华人民共和国全民所有制工业企业法》，要求我国各自治区人民代表大会常务委员会在《中华人民共和国区域自治法》基础上充分结合当地经济的特点，制订符合当地民情的实施办法。

（2）1992年开始的社会主义市场经济体制的改革阶段

这一时期，国家上马了一系列重大基础性工程，主要位于民族地区的多个铁路工程：连接广西壮族自治区南宁市和云南省昆明市的南昆铁路、起于陇海铁路新丰镇站终于襄渝铁路安康东站的西康铁路以及南起陕西宝鸡北至宁夏中卫途经回族聚居地的宝中铁路；水电站工程：四川省二滩水电站和漫湾水电站；还包括了我国西部三大盆地油气资源勘采、亚欧大陆桥重要组成部分的西兰乌光缆通信干线和青陕宁矿产铝业工程等。国家开始扶持民族地区的乡镇企业发展。1992年，民族地区乡镇企业贴息贷款政策实施。1996年通过了《中华人民共和国乡镇企业法》，表明我国从国家的层面进一步大力支持、帮助经济欠发达地区的乡镇企业，同时在区域间协作中，鼓励东部地区的乡镇企业及相关组织采用多种形式和手段带动民族地区和欠发达地区乡镇企业的发展。

1995年通过了《中华人民共和国电力法》，表明了国家支持民族地区、经济欠发达地区和偏远地区的电力事业发展。我国加工业的布局在1997年进行调整，引导资源加工型和劳动密集型的产业向中西部地区转移。

（3）2000年至2012年的新世纪初期发展阶段

西部大开发战略优先在民族地区安排了一大批重大工程项目。交通运输领域有青藏铁路、宁西铁路、涩北—西宁—兰州输气管线等；矿产资源领域有内蒙古大型煤电基地、青海30万吨钾肥工程、广西平果铝厂等。同时，基于西南地区拥有丰富的水资源，建设了一批大型水电站。这时期有贵州省引子渡水电站和洪家渡水电站以及乌江渡水电站整体扩机工程、云南宝峰至罗平并连接云南省和贵州省以及广西壮族自治区的500千伏交流输电线路等重大工程项目。

在这个时期，我国还推出了多项针对西部地区特色产业及矿产资源开发的优惠政策。例如，蒙西、宁夏和云贵煤电产业，新疆石油天然气生产，云南铅锌资源的开发，内蒙古稀土的开发，等等。民族地区开始建设资源开发和深加工产业基地。

2010年，国务院印发《关于中西部地区承接产业转移的指导意见》，意见中确定了继续深化西部大开发战略，同时拉动中部发展的战略，这对平衡协调东部、中部和西部区域经济发展，形成良好的区域产业格局有着重大的意义。该意见要求中西部在现有基础上发挥自身资源和劳动力优势，加快产业结构调整，进一步扩大优势特色产业，同时寻找新的产业优势，进一步构建具有中西部特色的现代产业体系。重点承接的产业类型包括高技术产业、能源矿产开发和加工业等第二产业和第三产业中的优势特色行业。

（4）2013年至今

这一阶段，产业结构的优化与升级是振兴民族地区经济的着力点，具体包括两个方面的政策：一是加快民族地区产业布局优化和产业转型升级；二是扶持民族地区企业的发展。

国务院发布的《"十三五"促进民族地区和人口较少民族发展规划》指出："根据国家产业结构调整指导目录，引导和支持民族地区承接产业转移。对民族地区符合国家产业政策的产业转移项目，根据权限优先予以核准或备案。支持东部地区符合民族地区特点和生态环境要求的产业有序梯度转移，建立承接产业转移示范园区和区域性产业合作示范区，提升重点企业技术改造和创新能力，引导产业向优化升级、节能减排、绿色环保等方向发展。完善民族地区资源开发利益分配机制，优先布局能源资源及其加工转化类重大产业项目，提高能源资源加工和深加工比例，延长产业链，提高附加值。实施差别化产业政策，支持民族地区发展特色优势产业，适当下放核准权限。加强对民族地区资源型城市可持续发展的引导和支持。"

"一带一路"倡议促进了民族地区的产能合作和产业发展，带动民族地区由现有经济结构向外向型经济结构的优化转变，利用和国外的多种合作促进地区产业发展和产业转型，推动本地区的产业升级，促进经济从规模速度型粗放增长向质量效率型集约增长。具体到本文涉及的民族地区扶持产业，如表3-1所归纳。

表3-1　"一带一路"涉及民族地区的产能合作和产业发展规划

民族地区	扶持产业
新疆	机械装备、轻工产品、纺织服装产品、建材产品、化工产品、金属制品、信息服务业出口、进口油气资源、矿产品、农林牧产品十大进出口产业集聚区。
甘肃	传统能源和新型能源开发产业、高端装备制造产业、有色冶金综合开发产业、现代农业等优势产业。
宁夏	打造国家向西开放的战略高地、国家重要的能源化工基地、重要的清真食品和穆斯林用品产业集聚区以及承接产业转移示范区，形成了宁东国家级大型煤炭基地、西电东送火电基地、煤化工产业基地，发展培育新能源、新材料等新型产业和羊绒加工、葡萄酿酒、枸杞加工、清真食品、穆斯林用品等特色产业。
内蒙古	建设成国家能源资源陆上大通道、国家大型油气加工和储备基地、大型风电基地、大型煤炭煤电煤化工基地。
云南	服装制造、烟草种植加工、机电制造、电力冶金、建材家具、通信及跨境教育等，实现比较优势互补。
贵州	以"五大新兴产业"为龙头，推动大数据引领新兴产业高端化。重点培育发展大数据、云计算、移动互联网、智慧城市应用、北斗卫星系统应用、集成电路等新一代信息技术产业，大力发展电子信息产业、医药养生产业、现代山地高效农业、文化旅游业、新型建筑建材五大新兴产业。
广西	推进中马钦州产业园区与凭祥—同登、东兴—芒街跨境经济合作区的建设，促进北部湾经济区中泰、中印、中越、中韩等产业园的设立，建设南宁、北海、钦州、梧州国家级加工贸易梯度转移重点承接地，建成桂林、北海科技兴贸创新基地、北海海产品外贸转型升级示范基地、柳州汽车及零部件出口基地，培育精深加工、机电、高新技术产业集群。

（五）农牧林业政策的演进过程

（1）1978年开始的改革开放初期阶段

这一阶段的部分代表性政策如下：

1980年，支持禁猪的民族发展养牛羊业，做好收购工作。

1983年公布的《当年农村经济政策的若干问题》指出对边远山区和民族地区农业实行放宽政策。

1984年，国家对民族自治地方林业生产建设制定了特殊照顾政策。

1989年，减免温饱问题尚未解决的贫困户农牧业税。

（2）1992年开始的社会主义市场经济体制的改革阶段

这一阶段的部分代表性政策如下：

1992年，我国设立了两项贫困县贴息贷款政策，支持农村基础设施建设。在此基础上，我国支持改善环境增加林地草地面积，以巩固退耕还林和退耕还草的成果。拨付退耕还林和还草成果专项资金，进一步加强对生态位置重要但偏远的民族贫困地区的重点扶持。同时，国家还继续推进生态移民政策。

（3）2000年至2012年的新世纪初期发展阶段

这一阶段的政策有两大特点：一是强调民族地区农牧业的资源优势和特色；二是强调环境保护，发展绿色产业。具体如下：

西部大开发战略积极支持民族地区发展特色农牧业。例如，云南的烟草、贵州的白酒、内蒙古的商品粮和畜牧产品、新疆的棉花和瓜果，等等。支持建设农业产业基地，培育民族地区特色农业和农产品加工业。

突出加强生态环境保护的原则，让保护土地资源与开发土地资源相结合的方针贯彻于整个地区土地资源开发过程，进一步加强农村基础设施的建设，进而改善地区农牧民的整体生活环境和生产环境。设立民族贫困地区绿色产业扶持专项基金。

（4）2013年至今

党的十九大报告中首次将乡村振兴战略作为新时代中国特色社会主义的发展方略之一，把构建现代农业体系、促进农村一二三产业融合、拓宽农民增收渠道等方面作为下一阶段"三农"工作的主攻方向。推进民族地区农业产业结构升级，要按照产业兴旺、生态宜居、乡风文明、治理有效、生活富裕的总要求，加快推进农业农村现代化。具体包括以下几个方面：

因地制宜，制定优势产业扶持政策。政府要紧贴民族地区在资源、技术、市场等方面的优势制定扶持政策，对于已经具备成熟发展条件的产业、市场急需的特色农产品要给予优先支持。

依托科技创新，提升核心竞争力。民族地区要依托地区内高校、研究所等机构，围绕特色、优势产业实施种子优化、技术更新等工程。

加快基础设施建设，为产业快速发展提供支撑。完善的农业基础设施是实现农业快速发展的前提。民族地区基础设施建设水平较低是阻碍农业产业结构调整与经济发展的原因之一。必须加快民族地区的水、电、通信、交通、水利、农业设施等公共基础设施的建设，鼓励和引导社会资金参与到基础设施建设领域，并建立起利益补偿机制；集中力量建设覆盖范围广、收益高的社会基础设施。对于已经具有相对成熟产业的农村地区、正在发展国家和社会急需产业的农村地区，可以优先进行基础设施建设。

加强人才队伍建设，夯实产业发展基础。农业产业结构优化升级对农业从业者的素质、能力、技能提出了更高的要求。省、市一级政府应该制定相应的人才引进政策，在住房、家庭、生活等方面为优秀人才提供一定的保障，保证农业产业结构升级具备充足动力。同时，要以实用性为出发点，增加对农户进行农业技能培训的次数，重点开展对青壮年农民的技能培训。

推动"互联网+农业"，促进农产品的快速流通。推动农业与互联网、大数据、云计算等技术的协作、融合，已经成为大势所趋。发展线上交易平台是解决市场信息不对称、农产品滞销问题，提升农民收入的有效办法。

（六）边贸和商业政策的演进过程

（1）1978年开始的改革开放初期阶段

这一阶段的部分代表性政策如下：

国家鼓励、支持边境民族地区积极开展多种形式的边境贸易。例如，西藏自治区与不丹等五个国家的边境贸易，广西壮族自治区与越南的小额边境贸易，内蒙古自治区和黑龙江与蒙古国和俄罗斯的边境贸易等。1984年我国发布《边境小额贸易暂行管理办法》。《国务院进一步贯彻实施〈中华人民共和国民族区域自治法〉若干问题的通知》于1991年发布，国家对民族地区开展多种形式的边境贸易给予鼓励和支持。

1979年，商业部和财政部发布《关于1980年起提高民族贸易企业利润留成比例的通知》，指出自1980年开始，国家对已经批准的符合照顾标准的民族地区中小企业，利润留成比例从之前规定的20%升高至50%。1981年，对全国民族贸易和民族用品生产企业给予低息贷款。1991年，民族贸易县（旗、市）被确定为421个。

对部分供应偏紧的商品继续实行专项安排；进一步帮助民族地区商业网点设施建设；大力加强民族地区商业职业培训；大力发展集体、个体商业；大力发展民族用品的生产等。1986年，国家民委、民建中央、全国工商联发布了关于进一步加强协作，大力开展民族地区经济咨询和工商专业培训工作的联合通知；1986年，中共中央统战部、国家民委转发《民建中央、全国工商联关于进一步开展少数民族地区经济咨询和工商专业培训工作的意见》。

（2）1992年开始的社会主义市场经济体制的改革阶段

这一阶段的部分代表性政策如下：

设立边境经济合作区。1992年国务院发布《关于边境贸易有关问题的通知》《关于新疆维吾尔自治区进一步扩大对外开放问题的批复》《关于进一步积极发展与原苏联各国经贸关系的通知》等一系列促进沿边开放的文件。同年陆续批准设立包含塔城、黑河、河口、凭祥、绥芬河、畹町、二连浩特、博乐、瑞丽、丹东、珲春、伊宁、东兴和满洲里在内的14个国家级边境经济合作区。

加大边境贸易优惠措施。1994年通过的《中华人民共和国对外贸易法》规定，在边境贸易与日俱增的环境下，边境地区要采取优惠政策鼓励边境贸易发展。1998年国家出台《关于进一步发展边境贸易的补充规定的通知》，要求进一步扩大边境贸易中税收部分的优惠，同时在企业的盈利权利上也要进一步扩大。

扶持民族用品的生产和基层民族贸易的发展。在1992年至1994年，央行发布了针对民族用品生产和拓展民族贸易网点的优惠贷款政策。

（3）2000年至2012年的新世纪初期发展阶段

2001年加入WTO后，国家对民族贸易实行"新的民贸三项照顾政策"。

在民族自治地方边境地区设立边境贸易区和经济开发区。2001年，建立中国同东盟的联合自由贸易区，促进了广西壮族自治区等边疆民族地区的发展。2003年，中哈边境自由贸易区的建立也有力地促进了新疆维吾尔自治区的发展。

2005年，《国务院实施〈中华人民共和国民族区域自治法〉若干规定》出台，指出经国务院批准，与外国接壤的民族自治边境地区可以依照地区相关法规，在边境建立民族地区自由贸易区，在贸易区内开展多元贸易活动，增强同外国的产业技术交流。

2009年，《国务院关于进一步实施东北地区等老工业基地振兴战略的若干意见》出台，指出根据总体对外交流合作的实际情况，国家结合沿海开放、沿边开放和区域经济合作等资源产业的现行政策，对有条件的地区大力支持建设边境贸易中心边境合作、资源进出口加工区等区域。

（4）2013年至今

2013年，国家提出了"一带一路"倡议。"一带一路"强调和平合作、开放包容、互学互鉴、互利共赢的价值理念，其核心目标是通过促进区域经济要素有序自由流动、资源高效配置和市场深度融合，实现在更大范围、更高水平、更深层次的区域合作。民族地区作为沿边经济发展的桥头堡，其方针政策、地缘特征、要素流动、经济变革及文化心理契合了"一带一路"建设实现外向型互惠经济发展的要求。

在"一带一路"建设中，民族地区充分利用现有的多边合作机制，创新多边合作方式。

充分发挥现有的多边合作机制作用。积极参与中国东盟"10+1"、上海合作组织、亚欧会议、亚太经合组织、中亚区域经济合作、亚洲合作对话、欧亚经济联盟、亚信会议、大湄公河次区域经济合作、中国—海合会战略对话、中西亚经济合作组织、独联体经济联盟、博鳌亚洲论坛、金砖国家新开发银行等现有的多边合作，参与联合国经社理事会"中亚经济专门计划"、联合国开发计划署"丝绸之路区域合作项目"。

利用各类论坛促进民族地区参与世界经济合作。如博鳌亚洲论坛、欧亚经济论坛、中国—东盟博览会、中国—亚欧博览会、中国国际投资贸易洽谈会、中国—阿拉伯国家博览会等。

积极利用自贸区，参与国际合作联盟。积极利用中国—东盟自贸区平台，充分利用西南民族地区的地缘优势，在能源、金融、农业、渔业等基础产业领域强化对话与合作，与南亚区域合作联盟、海湾合作委员会、欧盟和欧亚联盟成员国合作，民族地区积极申报自贸区，参与国际合作联盟。

推进经贸合作区建设。沿边民族地区利用口岸优势，建设经贸合作区，如西北民族地区的新疆形成了喀什、霍尔果斯特殊经济开发区，西南民族地区的广西推进了中国—印度经贸合作区建设等。

（七）对口支援政策的演进过程

（1）1978年开始的改革开放初期阶段

为了实现区域共同发展和帮助民族地区的经济发展，促进各民族经济上的事实平等，党和政府在援助支边政策的基础上提出了对口支援政策。1979年，在全国边防工作会议上，党中央第一次对内地省、市对口支援民族地区做了具体安排，即北京支援内蒙古，河北支援贵州，江苏支援广西、新疆，山东支援青海，上海支援云南、宁夏，全国支援西藏。此后，为了加强和规范经济发达省、市同民族地区的对口支援工作，1984年通过的《民族区域自治法》，首次以国家基本法律的形式明确规定了上级国家机关组织和支持对口支援的法律原则，标志着对口支援政策进入了国家基本法律层面，而且成为民族区域自治法律制度的重要内容。1984年，国家经委、民委等四部委共同召开了"全国经济技术协作和对口支援会议"，会议提出"平等协商、互利互惠、相互支援、共同发展"的原则，这是对当时地方政府间的合作关系的一种规范和发展，将对口支援和经济协作放在了一种地位平等、互利共赢的角度，有力推动了对口支援工作的全面开展。

1991年，国家发布《关于进一步贯彻实施〈中华人民共和国民族区域自治法〉若干问题的通知》，指出："要有领导、有计划地推进经济发达地区与民族地区的对口支援。经济发达的省、市应与一两个自治区和除汉族以外其他民族较多的省，通过签订协议，采取介绍经验、转让技术、交流培训人才、支持资金和物资等多种方式，帮助民族地区加速经济、文化、教育、科技、卫生等事业的发展。"

（2）1992年开始的社会主义市场经济体制的改革阶段

1994年，国务院发布《关于印发国家"八七"扶贫攻坚计划的通知》，要求："沿海较为发达的省，都要对口帮助西部的一两个贫困省、区发展经济。动员大中型企业，利用技术、人才、市场、信息、物资等方面的优势，通过经济合作、技术服务、吸收劳务、产品扩散、交流干部等多种途径，发展与贫困地区在互惠互利的基础上的合作。"并将内地省、市对口支援民族地区与民族地区的贫困工作治理相结合，让对口扶持和政府合作成为扶贫工作的重要手段。

1996年，国务院印发《关于组织发达地区与经济欠发达地区开展扶贫协作报告的通知》，指出经国务院扶贫办商定开展扶贫协作，由北京与内蒙古、天津与甘肃以及大连、青岛、深圳、宁波市与贵州省相互结对。同时也指出，扶贫协作的主要目标是："引导区域经济协调发展，加强东西部地区互助合作，帮助贫困地区尽快解决群众温饱问题，逐步缩小地区之间的差距，是今后改革发展的一项战略任务。经济较发达地区与经济欠发达地区开展扶贫协作，对于推动地区间的优势互补推进社会生产力的解放和发展，加快贫困地区脱贫致富步伐，实现共同富裕，增强民族团结，维护国家的长治久安，都具有重要的意义。"这是从经济技术对口支援向扶贫协作对口支援的巨大转变，扶贫协作更是从前文所述的对口帮助所发展演变而来的一种政府合作关系，这种政府合作关系紧紧围绕东西合作、增进民族团结而展开。

（3）2000年至2012年的新世纪初期发展阶段

2001年，国务院发布《关于印发中国农村扶贫开发纲要（2001—2010年）的通知》，通知指出："经济发达的省市要从全局出发，适当增加吸纳和安置来自贫困地区的迁移人口，并作为对口帮扶的一项重要措施来抓。"同时在扶贫开发的政策保证方面需要"继续做好沿海发达地区对口帮扶西部贫困地区的东西扶贫协作工作"。

（4）2013年至今

2013年，国务院发布《关于开展对口帮扶贵州工作的指导意见》，指出："贵州是我国西部多民族聚居的省份，也是贫困问题最突出的欠发达省份""贫困和落后是贵州的主要矛盾""开展对口帮扶贵州省工作，促进贵州经济持续健康发展，是先富帮后富、逐步实现共同富裕的重要举措"。

2017年，国务院发布《关于印发东北地区与东部地区部分省市对口合作工作方案的通知》，指出"建立对口合作机制，通过市场化合作促进要素合理流动、资源共享、园区共建，开展干部交流培训，支持东北地区进一步转变观念，增强市场意识和竞争意识，激发内生活力和动力，促进东部地区与东北地区在合作中相互借鉴、优势互补、互利共赢、共谋发展"，通知明确了地方经济的发展不可缺少对口合作。地方政府要在市场经济的背景下加强政府间的合作。

2018年，国务院发布《中共中央、国务院关于建立更加有效的区域协调发展新机制的意见》，指出要"统筹发达地区和欠发达地区发展，打赢精准脱贫攻坚战，确保革命老区、民族地区、边疆地区、贫困地区与全国同步实现全面建成小康社会"，并提出"优化区域互助机制，从深入实施东西部扶贫协作、深入开展对口支援，发展到创新开展对口协作（合作）"。将对口合作作为国家发展战略中构建区域协调发展新机制的一项重要内容，同时也将为建设现代化经济体系和满足人民日益增长的美好生活提供重要支撑。

（八）扶贫政策的演进过程

（1）1978年开始的改革开放初期阶段

1979年7月，国家民委、财政部发布《少数民族地区补助费的管理规定》，同一时期中央在全国边防工作会议上确定对口支援项目。1983年，全国少数民族地区生产生活会议着重要求"尽全力短期内基本解决多数群体的基本需要，例如温饱、住房、饮水等"。1986年，全国人大六届四次会议将扶持老、少、边、穷地区尽快摆脱经济文化落后状况作为一项重要内容，列入国民经济和社会发展第七个"五年计划"。1990年，中央财政设立"少数民族贫困地区温饱基金"，同时对民族地区实行利差补贴、扶贫贴息贷款等金融优惠政策。针对民族地区差别化的扶贫政策，充分考虑了民族地区的自然条件、经济发展水平等制约因素，对深入做好民族地区的扶贫工作发挥了重要作用。

（2）1992年开始的社会主义市场经济体制的改革阶段

1992年，国务院贫困地区经济开发领导小组第十二次会议决定，"七五"期间国家制定的一系列扶贫开发政策必须稳定不变，同时要增加扶贫资金的投入。一系列政策措施极大地改善了民族地区的贫困状况，起到重要的扶贫减贫作用。从1992年起，国家每年新增6000万元资金用于西南、西北民族贫困地区加强基础设施建设。实施"以工代赈"计划，对中小型企业实施减免税收、贴息贷款等优惠政策，鼓励民族地区积极兴办适合当地的中小企业。国家把开展民族地区干部培训作为实施造血扶贫的重要措施。国务院贫困地区经济开发领导小组对全国142个国家重点扶持的民族贫困县县长和扶贫办主任全部进行集中轮训，国家民委对贫困县的乡镇干部进行培训，旨在提高他们对扶贫工作的正确认识，提升他们带领贫困群众脱贫致富的能力，激发他们改变当地贫困面貌的紧迫感和内生动力。

1994年，国务院发布《国家八七扶贫攻坚计划（1994—2000）》，开启了从国家层面制订和实施扶贫计划的先河，标志着我国解决初始扶贫工作进入了最后的攻坚阶段，即将进入解决相对贫困的新阶段。从内容上看，民族地区扶贫政策在坚持资金扶贫和制定优惠政策的基础上，逐步扩展至基础设施、文化教育、企业发展、生态建设等各个领域。从形式上看，积极探索实施整村推进、集中连片等扶贫新模式，坚持输血扶贫与造血扶贫有机结合、共同作用。在宏观层面，民族地区扶贫政策必须随着国内外形势变化进行宏观调控；在微观层面，要根据不同时期民族地区所遇到的差异化贫困问题对政策进行调整完善。这种宏观和微观上的政策变化，就是民族地区扶贫政策与时俱进的体现。

国家民委为了促进边境地区的发展，发起了"兴边富民行动"。1999年，国家民委印发《关于进一步推动"兴边富民行动"的意见》进一步明确了"兴边富民行动"的指导思想、方针和主要任务。

（3）2000年至2012年的新世纪初期发展阶段

2001年，《中国农村扶贫纲要》确定全国扶贫工作的重点为民族地区扶贫，参照当时全国经济发展水平，民族地区新增了10个重点扶贫县。2004年，中央明确表示"赞成把特困民族地区作为扶贫重点，在政策和资金上加大支持力度"，对民族特困集中的八个省区给予更大政策和资金的倾斜。2005年，《扶持人口较少民族发展规划》中提出的社会和经济发展整体规划纳入了人口较少民族的聚居地区。2001年，《全国兴边富民行动规划纲要（2001—2010）》出台，其宗旨是振兴边境、富裕边民。

2001年，国家出台了支持人口较少民族发展的扶持政策。2005年，《扶持人口较少民族发展规划》决定增加扶持22个10万人以下的民族。2011年，《扶持人口较少民族发展规划（2011—2015年）》将扶持民族的范围进一步扩大，涵盖了全国总人口在30万人以下的28个民族。

2011年，《中国农村扶贫开发纲要（2011—2020年）》将中央财政专项扶贫资金新增部分主要用于连片特困地区，即把689个县作为扶贫攻坚主战场。

（4）2013年至今

2013年，习近平总书记提出了"实事求是、因地制宜、分类指导、精准扶贫"的扶贫方针。2014年，习近平总书记强调"要实施精准扶贫，瞄准扶贫对象，进行重点施策"，进一步详细阐释了"精准扶贫"的具体理念。2015年，习近平总书记又提出扶贫开发"贵在精准，重在精准，成败之举在于精准"。同年，习近平总书记在减贫与发展高层论坛上强调，精准扶贫是中国扶贫攻坚工作的基本方略。至此，精准扶贫正式由一种理念开始落实为一项重要的国家政策。

四、小结

本章着重分析1978年改革开放至今四十余年我国民族地区经济扶持政策的演进过程，可以看到，扶持政策具有以下特点：

第一，我们通过梳理改革开放以来国家扶持政策的思想演变过程，发现我国的民族地区扶持政策始终着眼于国家宏观经济发展形势。在构建政策体系前，必须将国家整体宏观发展战略同民族地区经济发展的客观实际相结合，从更深的角度探寻解决民族问题的作用机理，更清晰地了解民族问题的内在本质，以确保国家制定的每条针对民族地区的扶持政策都有明确的实施对象，都能确定政策的执行主体，都有清晰的实施目标。这样的民族地区扶持政策才可以有效地推动民族地区经济发展。

第二，我国所实施的民族地区经济扶持政策主要是通过财政、税收和金融三个方面来综合实现的，这体现了国家对于民族地区发展的重视。在具体领域，上述三大类政策又逐渐形成了相互支持、相互配合的立体化、多维度的综合扶持政策体系，进一步强化了我国"共同团结奋斗、共同繁荣发展"的民族政策。

第三，整体扶持政策的选择凸显了我国民族地区的差异性，在具体的政策分析中，展现了"实事求是"的精神。我国的区域经济政策，例如西部大开发战略，与民族地区经济扶持政策的实施范围有一定的重合，但我们不能简单地将区域政策与民族地区政策混同。民族经济政策应该真正服务于民族地区的居民，应当体现出不同民族地区的特色，制定因地制宜的经济政策。

第四章　我国民族地区的经济增长现状分析

截至2018年末，民族八省区贫困人口减少到603万人，约占全国的36%。选择民族八省区作为民族地区经济发展和扶贫工作的研究范围具有良好的代表性。本章首先以民族八省区近10年的经济发展统计数据为基础，分析我国民族地区的经济增长现状，接着分别从三次产业占比、工业结构和三大需求这三个角度来分析当前民族地区经济增长的主要驱动要素，从而为接下来的从经济扶持政策到经济增长的传导路径研究打下基础。

一、我国民族地区的经济增长现状

（一）GDP增长情况

近些年来，我国民族地区取得了巨大的经济发展成就。2009年，民族八省区的地区生产总值（以下简称GDP）为3.47万亿元，到2018年，突破了9万亿元。这10年的GDP增长趋势如图4-1所示。从图中可以看到，除了内蒙古外，各省区GDP均逐年增长。内蒙古、广西、贵州和新疆四省区的GDP总量较大，发展较快，而宁夏、青海和西藏三省区的GDP总量较小，发展速度相对较慢。

图4-2对比了东部沿海五省（山东、江苏、浙江、福建、广东，以下简称东部五省）和民族八省区近10年的GDP总量和发展趋势。

可以明显看到，作为我国经济最发达的地区，东部五省的GDP无论是从总量上，还是从发展速度上，都远远超过了民族八省区。其中，广东省和江苏省遥遥领先，山东省紧随其后。即便东部五省中GDP总量最低的福建省也大大超过了民族八省区中GDP总量最高的广西和内蒙古。民族地区的经济总量与东部地区相比，还有很大的差距。

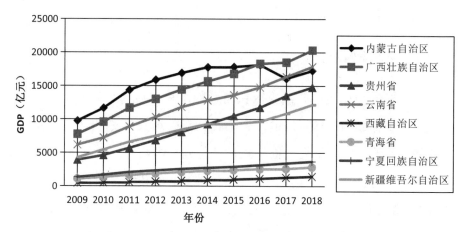

图4-1　2009年—2018年民族八省区GDP增长趋势图

数据来源：国家统计局

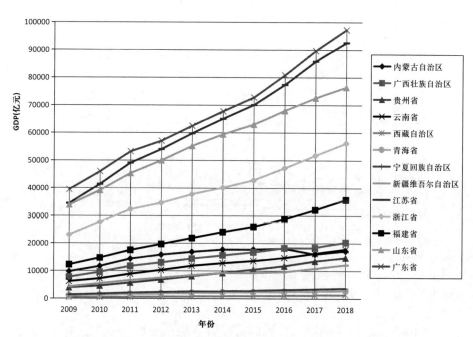

图4-2　2009年—2018年东部五省和民族八省区GDP总量和增长趋势图

数据来源：国家统计局

（二）基础设施建设发展

改革开放以来，国家投入了大量的人力、物力和财力来发展民族地区的交通、通信等基础设施。

（1）交通设施发展

2010年至2018年民族八省区铁路营业里程发展趋势如图4-3所示。2010年，总里程为2.25万公里，到了2018年，增长到了3.53万公里。其中，内蒙古更是独占鳌头，铁路总长度位列全国第一。全区铁路覆盖12个盟市，与周边8个省区连通，已有5个与俄罗斯和蒙古国11个陆路口岸通达铁路，初步形成了连接"三北"（西北、华北和东北）、通疆达海的铁路运输网络。2017年，张呼客运专线呼和浩特东至乌兰察布段开通。这是内蒙古开通运营的首条高铁线路。2019年年底，张呼高铁全线通车。

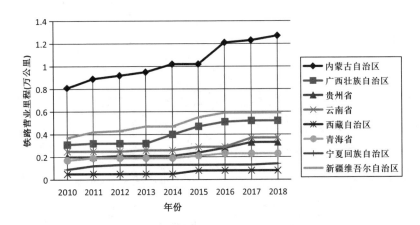

图4-3　2010年—2018年民族八省区铁路营业里程发展

数据来源：国家统计局

2010年至2018年民族八省区的公路营业里程发展趋势如图4-4所示。2010年，营业总里程为88.63万公里，到了2018年，增长到了114.97万公里。位于首位的云南公路营业总里程达到25.3万公里，其中高速公路5198公里。据统计，2018年，云南综合交通投资位居全国第一，达到2196.13亿元。

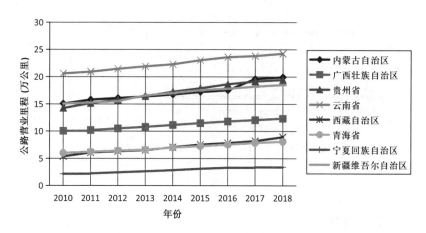

图4-4　2010年—2018年民族八省区公路营业里程发展
数据来源：国家统计局

2009年至2017年民族八省区内河航道里程发展趋势如图4-5所示。8年来，民族八省区内河航道增加2500公里。其中仅云南就增加1500公里。这是由于云南近年来大力发展综合交通网络，全面建设以铁路"八出省五出境"、公路"七出省五出境"、水路"两出省三出境"为主的综合交通互联互通通道。

在民族八省区中，广西内河航道总里程最长，这是由于除了自然条件外，广西还不断加大水运建设投资。近年来，广西相继建成了国内通过能力最大、总通过能力超亿吨的长洲水利枢纽船闸，以及桂平3000吨级船闸、老口航运枢纽工程等一批重点枢纽船闸项目，西江干流3000吨级船舶可直航粤港澳，西江航运干线南宁牛湾港以下全面升级为2000吨级航道。2017年末，广西内河码头长度为24338米，内河港口生产性泊位达到524个，其中1000吨级以上的泊位154个，西江黄金水道形成上下游联动、整体发力的港口布局。

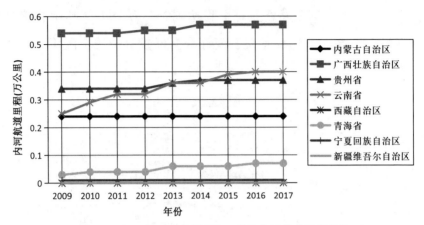

图4-5　2009年—2017年民族八省区内河航道里程发展

数据来源：国家统计局

（2）通信发展

近些年来，民族八省区的通信事业也取得了长足的发展。移动电话交换机容量从2009年的1.77亿户增长到2017年的超4亿户（图4-6）；光缆线路总长度从2011年的180万公里增长到2017年的549万公里（图4-7）；邮路总长度从2009年的63万公里增长到2017年的140万公里（图4-8）；

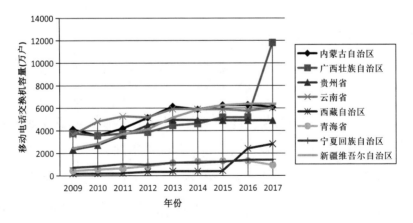

图4-6　2009年—2017年民族八省区移动电话交换机容量发展

数据来源：国家统计局

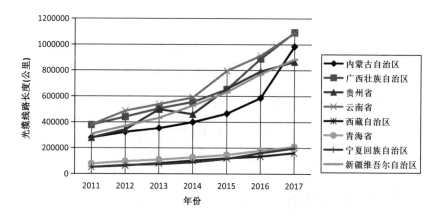

图4-7　2011年—2017年民族八省区光缆线路长度发展

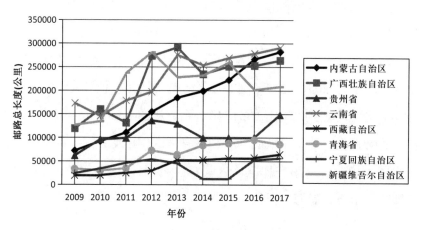

图4-8　2009年—2017年民族八省区邮路总长度发展

数据来源：国家统计局

其中，广西、云南和内蒙古的通信事业发展较好。

2015年，经国家工信部批准，中国电信昆明国际通信枢纽的接入扩展到了8个国家，业务范围也从语音业务扩展至数据、互联网转接业务。2016年，云南省先后启动了一批数据中心重点项目。2017年，"中国面向南亚东南亚辐射中心——国际信息通信枢纽发展论坛"在昆明启幕。

内蒙古从"十二五"期间开始，大力推广"宽带内蒙古"和"百兆光纤"工程，把呼和浩特市和鄂尔多斯市打造成"宽带中国"示范城市，还持续实施"通信村村通工程"，解决农牧林区、边境地区的基本通信问题。截至2018年底，全区行政村（嘎查）宽带覆盖率达到98%以上，有效覆盖了全区12个盟市偏远贫困行政村和重点边远地区，为脱贫致富铺设了一条信息高速公路，实现了农牧民"在宽带上增收，在键盘上致富"的美好愿望。

（三）地方财政发展

地方财政是中央财政以下各级财政的统称，是国家财政的重要组成部分，体现地方政权与所属或所辖区域内企事业单位、社会组织、居民之间，以及各级政权之间的分配关系。民族八省区的地方财政预算收入总额从2009年的3205亿元增加到2018年的9739亿元，预算支出总额从2009年的9609亿元增加到2018年的31246亿元。从图4-9和图4-10可以看到，八省区的财政收入、支出情况基本和该省区的GDP发展情况一致，大致可以分为两个梯队——第一梯队（内蒙古、云南、广西、贵州、新疆）、第二梯队（宁夏、青海、西藏）。

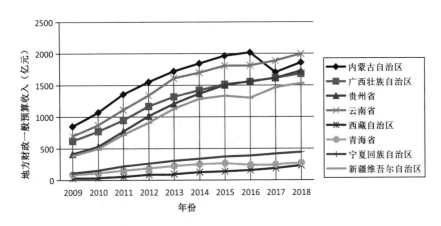

图4-9　2009年—2018年民族八省区地方财政一般预算收入发展

数据来源：国家统计局

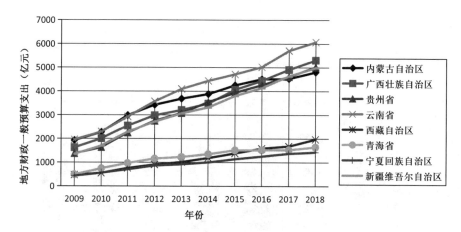

图4-10　2009年—2018年民族八省区地方财政一般预算支出发展

数据来源：国家统计局

图4-11是2009年至2018年民族八省区地方财政的自给率〔财政自给率=一般公共预算收入（本级税收+非税收入）/一般公共预算支出〕。可以看到，民族八省区近10年的财政自给率均小于50%。其中，西藏和青海最低，在10%和15%左右，民族八省区的平均自给率仅为31%。

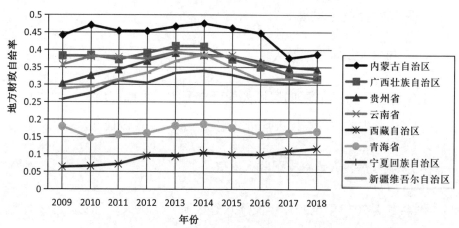

图4-11　2009年—2018年民族八省区地方财政自给率

数据来源：国家统计局

2018年东部五省的财政数据如图4-12所示，可见，民族八省区地方财政实力与东部发达地区有着巨大的差距。

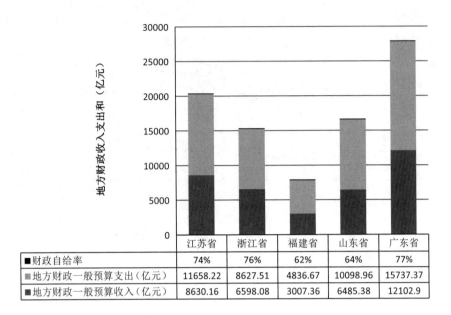

	江苏省	浙江省	福建省	山东省	广东省
■财政自给率	74%	76%	62%	64%	77%
■地方财政一般预算支出（亿元）	11658.22	8627.51	4836.67	10098.96	15737.37
■地方财政一般预算收入（亿元）	8630.16	6598.08	3007.36	6485.38	12102.9

图4-12　2018年东部五省地方财政一般预算支出和收入对比

数据来源：国家统计局

（四）社会民生发展

（1）居民人均可支配收入

近年来，民族八省区的居民人均可支配收入大幅度增长，如图4-13所示。其中，内蒙古的居民人均可支配收入最高，西藏最低。

（2）城乡居民人均可支配收入比值

图4-14是2013年至2018年民族八省区城乡居民人均可支配收入比值（城镇居民人均可支配收入/农村居民人均可支配收入）变化情况。可以看到，除新疆、西藏和青海有所波动外，其他省区的比值基本上都呈现下降的趋势，说明城乡居民人均收入差距过大的情况在逐步缓解。这主要得益于我国近些年来对贫困地区，尤其是农村贫困地区的大力扶持，

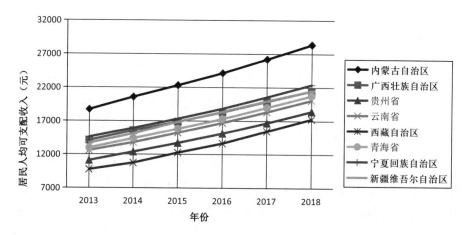

图4-13　2013年—2018年民族八省区居民人均可支配收入发展情况

数据来源：国家统计局

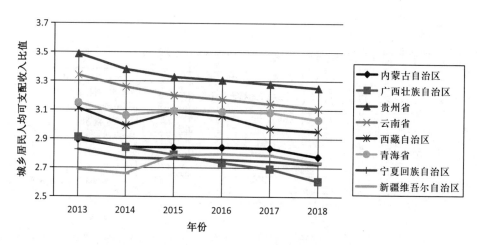

图4-14　2013年—2018年民族八省区城乡居民人均可支配收入比值

数据来源：国家统计局

提升了农村居民的生活水平。但是与全国数据对比发现，全国城乡居民人均可支配收入比值从2013年的2.81降低到2018年的2.69。2018年的数据中，除了广西外（2.61），其他七个省区的比值均高于全国数字。民族地区城乡收入差距较全国水平仍然偏大。

（3）医疗发展

民族八省区的医疗卫生机构数从2009年的13.1万个增长到2017年的14.7万个，如图4-15所示，医疗卫生事业取得了较大的发展。以广西为例，截至2018年底，广西城乡居民基本医疗保险参保率稳定在97％以上。2010年以来，广西积极争取中央预算资金123.51亿元，支持7835个医疗卫生机构基础设施建设项目，建成医疗业务用房739.17万平方米。全区共建立县域医共体、三二医联体494个，其中紧密型147个，县域医共体乡镇卫生院参与率58％，385家医疗机构开展了远程医疗服务。全区组建家庭医生团队13649个，基本实现常住建档立卡贫困人口应签尽签。

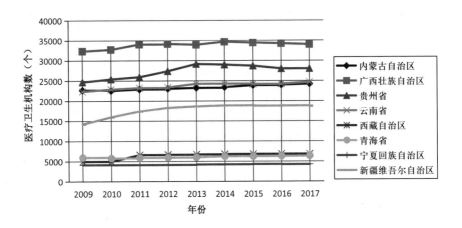

图4-15　2009年—2017年民族八省区医疗卫生机构数

数据来源：国家统计局

（4）教育发展

民族八省区的教育经费从2009年的1971亿元增长到2016年的5467亿元。教育部、财政部和国家统计局联合公布的2016年全国教育经费执行情况统计公告显示，2016年财政性教育经费一半以上用于中西部，达到

1.71万亿元，占全国的59%，进一步向中西部倾斜。

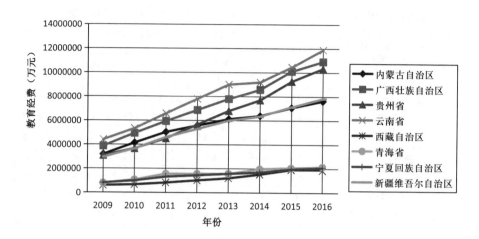

图4-16　2009年—2016年民族八省区教育经费发展趋势

数据来源：国家统计局

（五）企业创新能力发展

全社会研究与试验发展经费（R&D经费）投入强度是目前国际上通用的衡量科技活动规模、科技投入水平和科技创新能力高低的重要指标，也是衡量创新驱动、创新型省份、经济高质量发展的核心指标，该指标作为核心指标被列入国家和各地区的科技纲要、科技规划中。企业创新能力可以通过"规模以上工业企业R&D人员全时当量"和"规模以上工业企业R&D经费"部分体现。从表4-1可以看出，民族八省区内部，各个地区的指标值总量有着很大的差别。其中，贵州总量最大，并且从2011年到2017年增长到原来的2.4倍。宁夏增长到原来的1.6倍。西藏总量最小，这可能是由于该地区规模以上企业数量较少的原因。其他地区数据变化较为平稳，增量不大。

（1）规模以上工业企业R&D人员全时当量

表4-1 2011年—2017年民族八省区规模以上工业企业R&D人员全时当量

规模以上工业企业R&D 人员全时当量(人/年)	2011	2012	2013	2014	2015	2016	2017
内蒙古自治区	17645	21509	26990	27068	29190	30126	23243
广西壮族自治区	20155	20845	20700	22793	19000	19402	16163
贵州省	275217	315079	342541	410132	457303	556853	648576
云南省	10335	12321	11811	12980	16381	17166	21393
西藏自治区	22	78	81	130	43	208	202
青海省	1833	2020	2039	2068	1285	1750	1799
宁夏回族自治区	3967	4196	4817	5799	5470	5686	6392
新疆维吾尔自治区	6723	6202	6668	6688	7188	7310	6191

数据来源：国家统计局

注：从2011年起，规模以上工业企业的统计范围从年主营业务收入为500万元及以上的法人工业企业调整为年主营业务收入为2000万元及以上的法人工业企业。

（2）规模以上工业企业R&D经费

2011年至2017年，民族八省区规模以上企业的R&D经费从202亿元增长到370亿元，如图4-17所示。其中，内蒙古、广西总量最大，云南增速较快。

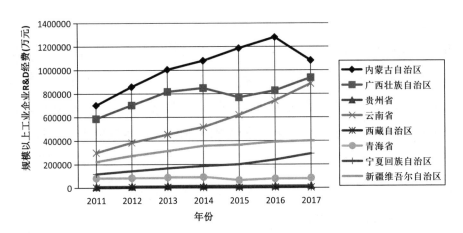

图4-17 2011年—2017年民族八省区规模以上工业企业R&D经费发展

数据来源：国家统计局

然而，我们将2017年东部沿海五省份的数据与之进行对比，如表4-2所示。民族八省区工业企业在科研创新的人力和财力方面与东部五省相比还有非常大的差距。

表4-2　2017年东部五省R&D相关数据

省份	规模以上工业企业R&D人员全时当量(人/年)	规模以上工业企业R&D经费(万元)
江苏省	455468	18338832
浙江省	333646	10301447
福建省	105533	4487934
山东省	239170	15636785
广东省	457342	18650313

数据来源：国家统计局

（六）进出口贸易发展

得益于西部大开发、"一带一路"等国家宏观战略，从2009年开始的10年间，民族八省区的进出口总额增长到原来的三倍，如图4-18所示。

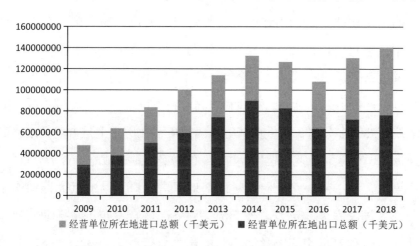

图4-18　2009年—2018年民族八省区进出口总额增长

数据来源：国家统计局

其中，广西的增长势头最为强劲（图4-19），尤其是2014年之后，总量和增速都远远高于其他七省份。其次，进出口总额较高的是云南和新疆，它们在地理位置上均有着天然的边贸优势。

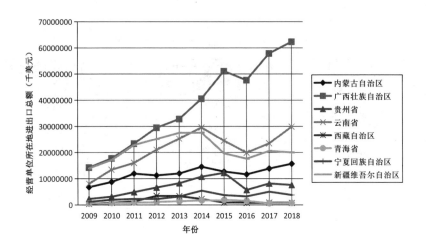

图4-19　2009年—2018年民族八省区进出口额增长
数据来源：国家统计局

这三个地区进出口贸易快速发展主要有下面两个方面的原因。

第一，区位优势。广西与广东、湖南、贵州、云南相邻，南濒北部湾，面向东南亚，是西南地区最便捷的出海通道，在我国与东南亚经济交往中占据重要地位。云南北联"丝绸之路经济带"，南接"21世纪海上丝绸之路"，是我国唯一一个能从陆上同时沟通南亚和东南亚的省份，并且可以连接中东，延伸到欧洲和非洲。新疆位于中国西北部边陲，陆地边境线有5600多公里，与俄罗斯等八国接壤，在历史上是古丝绸之路的重要通道，现在是第二座"亚欧大陆桥"的必经之地，战略位置十分重要。

第二，"一带一路"倡议对西部地区进出口贸易的巨大推动作用。2015年，国家发展改革委、外交部、商务部联合发布了《推动共建丝绸之路经济带和21世纪海上丝绸之路的愿景与行动》。丝绸之路经济带圈定的13个省（直辖市）中包括了民族八省区中的七个（贵州除外）。各地区分别制定了适合自己定位的发展战略。例如，新疆发挥独特的区位优势和向西开放重要窗口作用，深化与中亚、南亚、西亚等国家的交流合作，成为丝绸之路经济带上重要的交通枢纽、商贸物流和文化科教中心。广西定位为21世纪海上丝绸之路与丝绸之路经济带有机衔接的重要门户。云南定位为面向南亚、东南亚的辐射中心。如图4-20和图4-21所示，到2017年，上述几个省区的进出口总额扭转了之前两年下降的趋势，开始逐年上升，"一带一路"倡议开始取得显著效果。

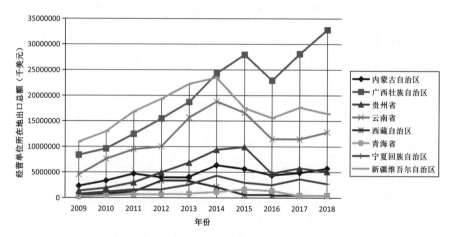

图4-20　2009年—2018年民族八省区出口额

数据来源：国家统计局

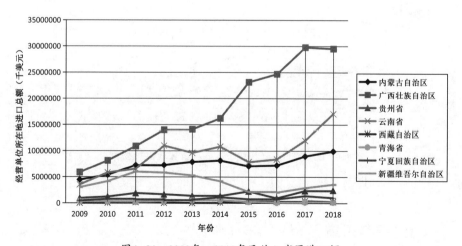

图4-21　2009年—2018年民族八省区进口额

数据来源：国家统计局

图4-22展示了2009年至2018年的近10年间民族八省区进出口差额的变化（进出口差额=出口额-进口额）。其中，新疆一直以大额度的顺差远高于其他七省区，而内蒙古逆差额最大。从图中可见，以2014年为分水岭，之前，新疆贸易顺差逐年增大，主要原因是新疆主要的贸易伙伴为中亚五国，它们没有或者少有高附加值的商品出口，出口商品仅限于燃料能源产品、棉花和金属等初级产品上，经济上的互补性较差。顺差扩大主要是由于新疆经济发展和产业结构的提升，对中亚出口从初级产品向制成品转化，出口额不断增加。2014年之后，随着"一带一路"倡议的实施，新疆大大扩展了贸易伙伴的范围，不再局限于中亚，进口结构升级、产品附加值增加，贸易顺差逐渐减小。

内蒙古的产业结构以原材料和初级产品加工为主，技术水平低，产品附加值低，国际竞争力低，出口额较小，国内需求又分流了一部分产能。同时，产业结构升级又需要进口更先进的设备与最新技术，提高了内蒙古的进口额。这时期出口和进口的一降一升，就导致了贸易逆差连续多年出现。

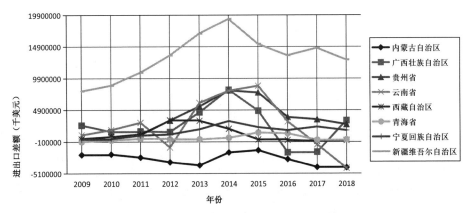

图4-22　2009年—2018年民族八省区进出口差额

数据来源：国家统计局

（七）环境污染

"西部大开发"战略实施以来，西部地区在承接东部地区产业转移的过程中，出现了明显的环境污染问题。如图4-23所示，在废水排放方面，只有广西从2010年开始大幅度降低，而云南同期则不断上升。

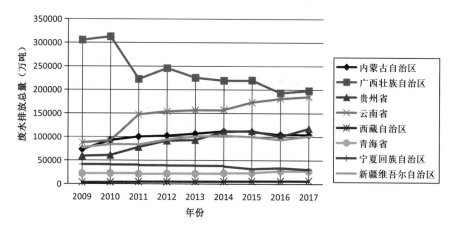

图4-23　2009年—2017年民族八省区废水排放总量变化

数据来源：国家统计局

在废气排放〔二氧化硫、氮氧化物、烟（粉）尘排放〕方面（如图4-24、图4-25、图4-26），一部分地区出现了倒"U"型曲线，在曲线最高点的左侧，环境质量逐渐恶化，达到极值后（多为2013年和2014年），出现良性转折即环境质量不断改善。

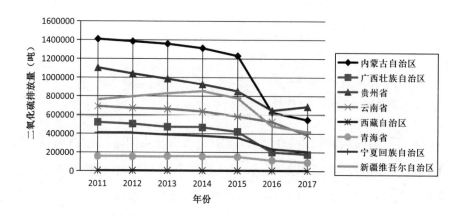

图4-24　2011年—2017年民族八省区二氧化硫排放量

数据来源：国家统计局

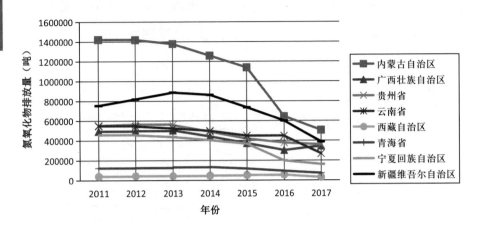

图4-25　2011年—2017年民族八省区氮氧化物排放量

数据来源：国家统计局

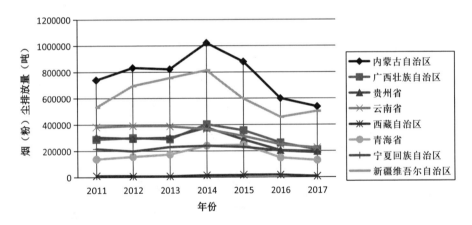

图4-26　2011年—2017年民族八省区烟（粉）尘排放量

数据来源：国家统计局

倒"U"型曲线转折点的出现，是由于我国坚决向环境污染宣战，出台了一系列严格政策。2013年，《大气污染防治行动计划》（即"大气十条"）发布；2014年，李克强总理提出要像对贫困宣战一样，坚决向污染宣战；2015年，《水污染防治行动计划》（即"水十条"）发布；2016年，《土壤污染防治行动计划》（即"土十条"）发布。搞好生态环境保护已成为西部各省区的重要任务，要坚决采取"退耕还林、封山绿化、以粮代赈、个体承包"的综合性措施。

在民族八省区中，内蒙古的废气排放量是最大的，这是由于内蒙古以能源和资源产业为主，对石油、煤炭的依赖性强，尤其是对煤炭的消耗占比很大，造成废气排放量大。此外，内蒙古承接了一些发达地区的落后产业，往往是高耗能、高污染的行业，减排工作困难重重。近几年，内蒙古采取了很多措施治理环境污染，废气排放量显著下降。内蒙古全面实施大气污染防治行动计划，有计划、分步骤地推进12个盟市包括细颗粒物（PM2.5）在内的6项指标实时监测能力建设，稳步推进重污染天气预警体系建设和大气颗粒物源解析工作。同时，以乌海及周边地区为重点实施区域联防联控。2015年，12个盟市空气质量平均达标天数292天，优良天数比例达80.9%。截至2015年年底，全区化学需氧量、氨氮、二氧化硫、氮氧化物排放总量分别完成"十二五"总量减排目标6.7%、9.7%、3.8%、5.8%的138%、143%、313%和229%，均已超额完成减排任务。

总之，民族八省区各自面临着不同的环境问题，需要统筹与地方发展的关系，制定因地制宜的环境治理政策。

二、从三次产业结构的角度分析经济增长的驱动要素

本节分析民族八省区的第 、第二、第三产业（以下简称二次产业）分别在GDP中占比的变化情况，即三次产业结构，从而分析经济增长的主要驱动要素。首先，我们分析全国的情况。全国的三次产业结构变化如图4-27所示。从2012年开始，第三产业占比开始上升，第二产业占比缓慢下降，第一产业也有所下降。

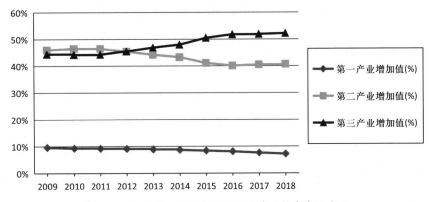

图4-27 2009年—2018年全国三次产业构成占比变化

数据来源：国家统计局

与其他发达国家的产业结构相比，我国的产业结构中第一、第二产业的比重更大，如图4-28所示。例如，法国的第三产业比重达到了79%，第二产业比重仅为19%，第一产业仅为2%。客观上看，我国还处于相对落后的局面。

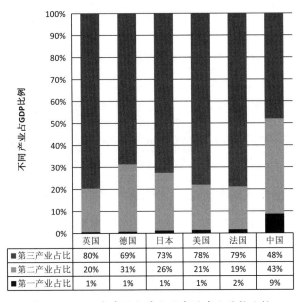

不同产业占GDP比例	英国	德国	日本	美国	法国	中国
■第三产业占比	80%	69%	73%	78%	79%	48%
■第二产业占比	20%	31%	26%	21%	19%	43%
■第一产业占比	1%	1%	1%	1%	2%	9%

图4-28 2014年我国与其他国家的产业结构比较

数据来源：世界银行

接下来，我们将民族八省区按照地域范围和资源特征进行了初步分类，包括西北地区、西南地区，以及西藏和新疆。

（一）西北地区

西北地区包括内蒙古、青海和宁夏。这三个地区都地处高原，干燥少雨，自然环境较为严苛，农业不发达，但矿产和能源非常丰富。从图4-29可以看到，这三个地区第一产业的占比都在10%徘徊，第三产业占比都在经历了2011年的低谷之后逐渐上升，于2016年开始超过第二产业。第二产业逐渐从产业结构中的第一位置退下，第三产业在经济中的重要性凸显了出来。

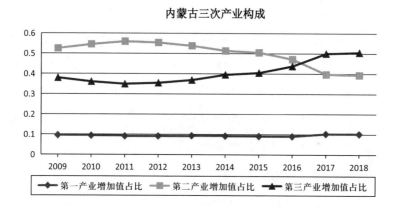

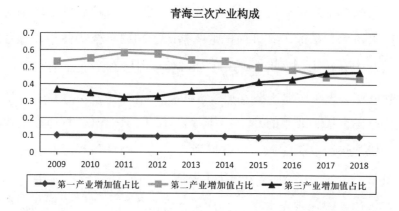

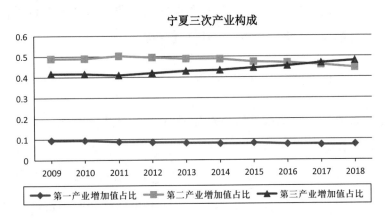

图4-29　2009年—2017年内蒙古、青海和宁夏三次产业构成变化

数据来源：国家统计局

　　2013年，内蒙古提出以建设"五大基地"为抓手，大力调整产业结构。2013年至2018年，内蒙古高新技术产业增加值年均增长13.3%，高于工业平均增速5.4个百分点。多晶硅、单晶硅、稀土化合物等的产能、大数据服务器装机容量、新能源电力装机容量处于全国前列，稀土磁性材料产能全球第一、风力发电量全国第一。"十一五""十二五"期间，内蒙古规模以上工业单位增加值能耗分别下降42.9%和31.7%，工业降耗对GDP能耗下降的贡献率达到80%以上。

　　青海省的经济从农业主导逐步向工业、服务业主导转变。青海省现代农牧业综合生产能力持续提高，建成了全国最大的有机畜牧业生产基地、冷水鱼生产基地、有机枸杞生产基地。2013年至2018年，青海规模以上工业中高技术制造业年均增长26.2%，新能源产业、新材料产业、装备制造业、生物产业年均分别增长26.8%、21.2%、23.9%和21.5%，资源类行业比重从2008年的25.1%下降到2018年的19.5%。青海省工业转型升级步伐加快，以新能源、新材料为代表的战略性新兴产业快速成长，盐湖资源综合利用产业成为全国有影响力的循环经济产业集群，一些关键技术达到国际领先水平。2018年，青海省第三产业增加值占GDP的

47.1%，比重较1949年提高了33.3个百分点。在交通运输仓储和邮政业、批发和零售业、住宿和餐饮业等传统服务行业稳步发展的同时，新兴服务行业茁壮成长，1992年以来金融业增加值年均增长9.2%，占第三产业的比重达到20.5%；信息传输、软件和信息技术服务业增加值年均增长26.2%；房地产业增加值年均增长11.7%；旅游、文化、体育产业也逐渐成为经济增长新引擎。

中华人民共和国建立之后，宁夏逐步形成了一个以煤炭、化工、电力、机械、冶金、建材、食品和纺织工业为主体的具有地方特色的工业体系，工业化进程不断加快，工业成为国民经济的主导力量。党的十八大以来，宁夏加快实施创新驱动战略，大众创业、万众创新蓬勃兴起，新产业、新业态、新商业模式快速发展。一是新兴制造业快速发展。2018年，宁夏煤化工行业增加值同比增长19.3%，对规模以上工业增加值增长的贡献率达到16.2%，专用设备制造业增长22.5%，仪器仪表制造业增长13.1%。技术含量较高的新产品快速增长，煤制柴油产量增长87.3%，仪器仪表增长46.6%，数控金属切削机床增长18.2%。二是以"互联网+"为代表的新服务较快发展。2018年，宁夏规模以上互联网与相关服务、软件和信息技术服务业营业收入增长52.8%，快递业务量增长82.0%，互联网宽带接入用户增长36.4%，移动互联网接入流量增长1.5倍。

（二）西南地区

西南地区包括广西、贵州和云南。这三个地区都有多山、多水、植被丰富的共同特点，因此农业相对于西北地区更为发达，从图4-30就可以看到。这三个地区的第一产业占比要高于西北三省区，也高于全国水平。第三产业的比重也都逐渐上升，成为经济中的最大份额。

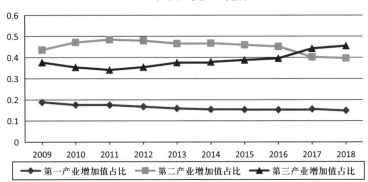

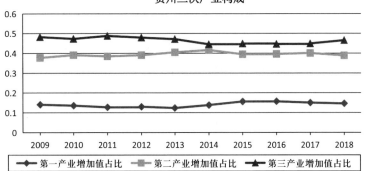

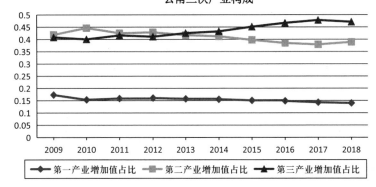

图4-30 2009年—2017年广西、贵州和云南三次产业构成变化

数据来源：国家统计局

广西是传统的农业大省，当前全区已经形成了粮、蔗、果、菜、茶、桑、菌等十大主要种养产业和富硒、生态循环、休闲三个新兴产业的"10＋3"特色农业体系。改革开放后，广西还兴建了一大批技术先进、生产规模较大的现代工业企业，到目前已形成了比较完整的工业体系，食品、石化、冶金、汽车、机械、电力等产业成为推动全区经济增长的支柱产业。全区工业产业布局框架明晰，基本建成以"两区一带"工业为主、中心城区工业和各区县特色工业相互补充共同发展的产业空间发展格局。广西第三产业走过了由小到大、从传统行业为主导向传统和新兴行业并驾齐驱的发展历程。2018年，全区第三产业增加值总量比1950年翻13.1番；第三产业增加值占生产总值比重由1950年的11.2%提升至2018年的45.5%；第三产业对经济增长的贡献率达到61.5%，成为拉动经济增长的第一动力。

贵州虽然近年来一直是"三二一"的产业结构，但每个产业内部都发生了一系列变革。在第一产业方面，通过发展特色山地高效农业提升第一产业附加值。在第二产业方面，推动工业转型升级，第二产业结构呈现新变化。轻工业占比提升，重工业占比下降。新兴产业增长较快，占比提升，电子信息产业、装备制造业较快发展。煤炭、电力、烟草等传统支柱行业增速放缓，占比下降。在第三产业方面，批发零售、住宿餐饮等传统服务业增长稳定，而金融业、旅游业等现代服务业快速发展，占比提升。

云南的主要支柱产业包括传统的矿产业和以水力发电为主的电力生产运输产业和烟草加工业，以及新兴的生物资源利用产业（主要是以天然药物为主的现代医药产业、绿色食品及功能食品产业、花卉及观赏园艺产业和生物化工产业，例如云南白药）和旅游业。主导产业还是劳动密集型的第一产业，产业结构仍存在严重的失衡问题。

（三）西藏

1959年西藏实行民主改革，60多年来，党中央、国务院对西藏的产业结构调整给予了特殊支持。西藏自治区正确处理中央关心、全国支援和自力更生、艰苦奋斗的关系，着力推动经济社会持续健康发展，产业水平不断提高，产业结构发生深刻变迁。近些年，西藏的产业结构呈现出"三二一"特征，第三产业占比在民族八省区中最高（如图4-31所示），其优势支柱产业旅游业的经济效益产出有待提高，其现代物流、金融、信息等生产性服务业占比较低。西藏的第二产业以工业和建筑业为主，由于国家投资和支持的影响，西藏建筑业的增加值每年都在增加，但是西藏工业基础差、基数小，发展相对缓慢，传统产业占主导地位，新兴工业发展不足。

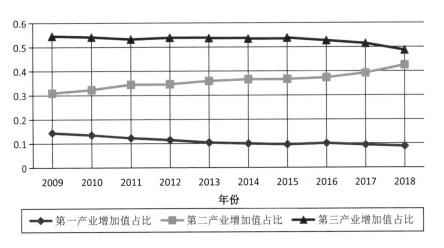

图4-31　2009年—2018年西藏三次产业构成

数据来源：国家统计局

（四）新疆

独特的气候特征使得农业始终是新疆经济的重要组成部分。新疆

适宜棉花、甜菜、特色林果等农产品的生长，第一产业的比重在民族
地区中相对较高。而新疆的第二和第三产业比重的变化以2014年为分界
点，如图4-32所示。新疆地区矿产资源丰富，具有良好的矿产开采和
加工业基础，煤炭、石油和天然气等都是新疆地区的优势矿产。2009年
至2014年，新疆的第二、第三产业呈此消彼长式变动，产业结构优化为
"二三一"模式。这是由于新疆能源、矿产、原材料工业的快速发展，
同时西部大开发和对口援疆战略都对新疆的发展起到了重要推动作用。
与此同时，新疆的生活类和生产性服务业比重呈上升趋势。2015年以
来，新疆的第三产业产值比重超过第二产业，产业结构呈现"三二一"
模式。从第三产业的构成来看，传统的批发贸易、餐饮业、运输仓储等占
据较大份额，而新兴行业占比较低。新疆丰富的旅游资源还没有得到充分
的开发利用。

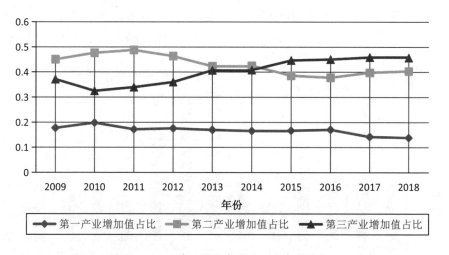

图4-32　2009年—2018年新疆三次产业构成

数据来源：国家统计局

三、从工业结构的角度分析经济增长的驱动要素

　　上一小节我们分析了民族八省区的三次产业结构，本节我们具体来分析工业中采矿业和原材料工业的占比。数据来源于《2016年中国工业统计年鉴》，指标为工业销售产值（当年价格）、采矿业销售产值（当年价格）。原材料工业的销售产值包括：石油加工、炼焦和核燃料加工业工业销售产值（当年价格）、化学原料和化学制品制造业工业销售产值（当年价格）、黑色金属冶炼和压延加工业工业销售产值（当年价格）、有色金属冶炼和压延加工业工业销售产值（当年价格）。如图4-33所示，我们比较了全国水平、民族八省区和东部五省的数据。可以看到民族八省区（西藏除外）的原材料工业和采矿业在工业中的占比都高于全国的24%，尤其是内蒙古、青海、宁夏和新疆这些矿产资源丰富的地区更是超过了50%；而东部五省（山东除外）的数据基本低于全国水

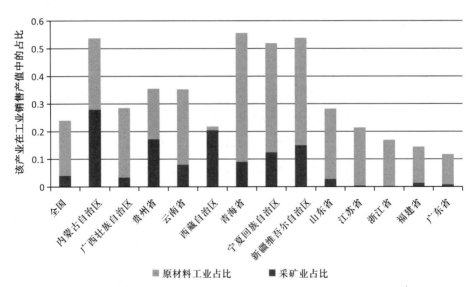

图4-33　2016年全国和部分地区的原材料工业和采矿业在该区域工业销售产业中的占比

　　　　数据来源：国家统计局

平，并且基本只有原材料工业，而采矿业很少。一方面这是由各地区的资源禀赋不同造成的；另一方面说明民族地区产业结构还多处于初级水平，主要依赖资源的开发，工业品以初级产品为主，工业生产的相对效益较低。长远来看，民族八省区的工业增长可持续性差、稳定性差、惠民性差，资源的过度开发还常常带来生态环境的恶化。

四、从三大需求的角度分析经济增长的驱动要素

（一）三大需求及相关指标

经济增长主要是由最终消费（消费需求）、资本形成（投资需求）和净出口（国外需求）这三大需求拉动的。消费、投资和净出口决定了经济增长的速度和质量，也被称为拉动经济增长的"三驾马车"。我们通过《中国统计年鉴》中的相关指标，来分析其对于经济增长的影响力。

（1）消费

在《中国统计年鉴》中，关于消费有"最终消费率"这一指标，它是指一个国家或地区在一定时期内（通常为1年）的最终消费（用于居民个人消费和社会消费的总额）占当年GDP的比率。它反映了一个国家生产的产品用于最终消费的比重，是衡量国民经济中消费比重的重要指标。一般按现行价格计算。其公式为：消费率=消费/GDP×100%。其中，消费分为居民消费和政府消费。

居民消费支出指常住住户在一定时期内对于货物和服务的全部最终消费支出，包括了购买耐用消费品（如家电、汽车等），非耐用消费品（如食物、衣服等）和劳务（如医疗、旅游等）。

政府消费支出指各级政府购买物品和劳务的支出，例如雇佣政府公务人员、建设公共设施、提供国防等。政府的所有支出可分为两个部

分，其中一部分是政府购买，必须计入GDP中；而另一部分包括转移支付、公债利息等，都不能计入GDP，因为它们没有被用来购买最终产品或劳务。

在本书中，为了衡量消费对于GDP增加值的驱动作用，我们参考"最终消费支出对国内生产总值增长贡献率"的原理，设定如下指标：居民消费对国内生产总值增长贡献率（以下简称居民消费贡献率）和政府消费对国内生产总值增长贡献率（以下简称政府消费贡献率）。

公式如下：

居民消费贡献率=居民消费增加值/GDP增加值×100%　（公式4.1）

政府消费贡献率=政府消费增加值/GDP增加值×100%　（公式4.2）

（2）投资

在《中国统计年鉴》中，关于投资有"全社会固定资产投资"和"资本形成额"两个指标，这两个指标与GDP的比值即"投资率"和"资本形成率"。

公式如下：

投资率=全社会固定资产投资/GDP×100%　　　（公式4.3）

资本形成率=资本形成额/GDP×100%　　　（公式4.4）

全社会固定资产投资是以货币形式表现的在一定时期内全社会建造和购置固定资产的工作量以及与此有关的费用的总称。

资本形成额是反映固定资本净投资规模的重要指标，指一定时期内资本资产（厂房、设备、车辆等投资品）的净投资。它等于一定时期内资本资产总投资扣除折旧和其他有形损耗后的新增资本。资本形成是未来生产扩大的基础，对经济发展影响很大。

在本书中，我们直接采用"资本形成率"和"资本形成总额对国内生产总值增长贡献率（以下简称资本形成总额贡献率）"两个指标来分析投资对于GDP的拉动力。用指标"全社会固定资产投资""全社会固定资产投资中国家预算内资金""全社会固定资产投资中利用外资"和"全社会固定资产投资中自筹资金"来分析投资资金来源的问题。

公式如下：

资本形成总额贡献率=资本形成总额增加值/GDP增加值×100%

（公式4.5）

一般来说，投资是扩大再生产、提高生产能力的重要手段，较高的投资率不仅可以直接带动生产的增长，还会带动居民消费的增长。

（3）净出口

一国市场上的所有产品和劳务，有一部分并不是在本国范围内生产的，而是从国外进口的，即为进口额。因此，用于购买这部分产品和劳务的收入并不能反映国内生产品的价值，不能计入本国GDP；相反，还有一部分是被外国个人或机构买去的，即为出口额。虽然是从国外流入的收入，但购买的是本国产品和劳务，反映的是国内产品的价值，当然要计入本国GDP。综上，只有净出口额才被计入GDP中，且它可能为正值"贸易顺差"，也可能为负值"贸易逆差"。

在《中国统计年鉴》中，指标"货物和服务净流出"可以用来表示净出口，该指标有正负之分。货物和服务净出口指货物和服务出口减货物和服务进口的差额。出口包括常住单位向非常住单位出售或无偿转让的各种货物和服务的价值，进口包括常住单位从非常住单位购买或无偿得到的各种货物和服务的价值。本文用货物和服务净出口贡献率（以下简称净出口贡献率）来研究净出口对经济增长的驱动作用。

公式如下：

净出口贡献率=货物和服务净出口增加值/ GDP增加值×100%

（公式4.6）

需要注意的是，"货物和服务净流出"是货物和服务出口减去进口后的净额，而海关进出口差额是海关统计指标，二者存在较大差异。

（二）消费对于GDP的驱动影响力分析

如图4-34所示，全国的最终消费率在50%左右，民族八省区（内蒙古除外）基本都高于全国水平，这说明消费在GDP中的占比很高，是促进经济增长的动力之一。尤其是西藏，在近几年接近了80%。青海、新疆、宁夏也都有大幅度提升，内蒙古在2016年之后也有了大幅提升，逐渐接近全国水平。

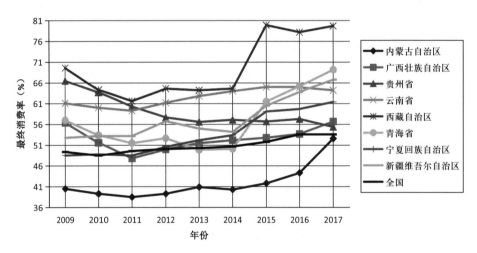

图4-34　2009年—2017年全国和民族八省区最终消费率

数据来源：国家统计局

由于消费是由居民消费和政府消费共同构成的，我们接下来用居民消费额除以政府消费额得到比值，如图4-35所示。居民消费与政府消费的比值（除西藏外）均大于1，说明居民消费额占最终消费额的一半以上。贵州、广西和云南的居民消费是政府消费额的近3倍，而西藏的居民消费只有政府消费的一半左右。

接着我们再来分别看居民消费和政府消费对GDP的拉动效果，即贡献

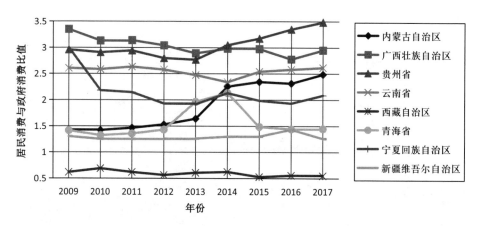

图4-35 2009年—2017年民族八省区居民消费与政府消费的比值

数据来源：国家统计局

率。如图4-36和图4-37所示，分别对比了民族八省区和东部五省的居民消费贡献率和政府消费贡献率。从波动性上来看，相对于东部地区，民族八省区居民消费和政府消费对经济增长的贡献波动更大，某些地区和某些年份尤为明显。从贡献率上来看，与东部地区相比，民族八省区的政府消费对GDP的贡献率普遍更高。

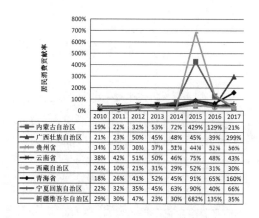

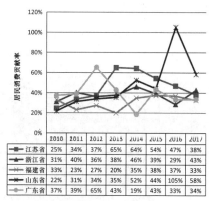

图4-36 2010年—2017年民族八省区和东部五省的居民消费贡献率比较

数据来源：国家统计局

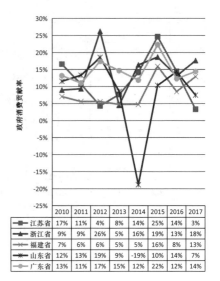

	2010	2011	2012	2013	2014	2015	2016	2017
内蒙古自治区	14%	13%	15%	15%	-44%	46%	66%	0%
广西壮族自治区	11%	7%	20%	22%	12%	16%	24%	27%
贵州省	13%	11%	15%	14%	8%	10%	10%	7%
云南省	16%	15%	22%	25%	31%	6%	15%	14%
西藏自治区	5%	38%	62%	31%	39%	161%	34%	60%
青海省	20%	17%	20%	-27%	7%	201%	57%	105%
宁夏回族自治区	28%	16%	33%	25%	5%	67%	27%	14%
新疆维吾尔自治区	26%	24%	37%	17%	17%	517%	23%	56%

	2010	2011	2012	2013	2014	2015	2016	2017
江苏省	17%	11%	4%	8%	14%	25%	14%	3%
浙江省	9%	9%	26%	5%	16%	19%	13%	18%
福建省	7%	6%	6%	5%	5%	16%	8%	13%
山东省	12%	13%	19%	9%	-19%	10%	14%	7%
广东省	13%	11%	17%	15%	12%	22%	12%	14%

图4-37　2010年—2017年民族八省区和东部五省的政府消费贡献率比较

数据来源：国家统计局

（三）投资对于GDP的驱动影响力分析

如图4-38所示，近几年中，民族八省区的资本形成率均高于全国水平，青海、宁夏等地区更是明显上升，这主要依赖于国家对于西部地区的大量投资。

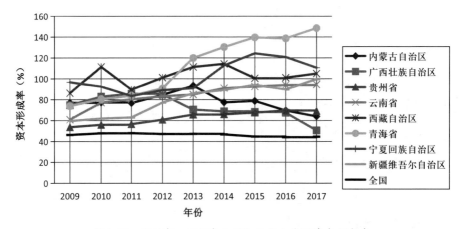

图4-38　2009年—2017年全国和民族八省区资本形成率

数据来源：国家统计局

接着我们将民族八省区和东部五省的资本形成总额对GDP增长部分的贡献率进行比较，如图4-39所示。可以看到，与东部地区相比，民族地区的投资对经济增长的拉动效应更强。与图4-37和图4-38相比，与消费相比，投资对经济增长的贡献率波动性更大，并且出现了负向的贡献率。例如，广西在2017年资本形成总额贡献率达到了-1459%，大大拉低了GDP的增速。

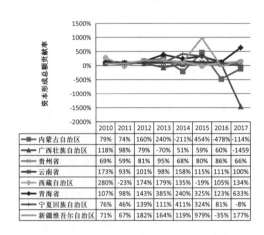

	2010	2011	2012	2013	2014	2015	2016	2017
内蒙古自治区	79%	74%	160%	240%	-211%	454%	-478%	-114%
广西壮族自治区	118%	98%	79%	-70%	51%	59%	60%	-1459
贵州省	69%	59%	81%	95%	68%	80%	86%	66%
云南省	173%	93%	101%	98%	158%	115%	111%	100%
西藏自治区	280%	-23%	174%	179%	135%	-19%	105%	134%
青海省	107%	98%	143%	385%	240%	325%	123%	633%
宁夏回族自治区	76%	46%	139%	111%	411%	324%	81%	-8%
新疆维吾尔自治区	71%	67%	182%	164%	119%	979%	-35%	177%

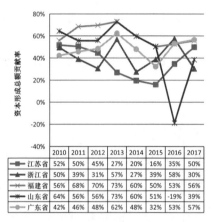

	2010	2011	2012	2013	2014	2015	2016	2017
江苏省	52%	50%	45%	27%	20%	16%	35%	50%
浙江省	50%	39%	31%	57%	27%	39%	58%	30%
福建省	56%	68%	70%	73%	60%	50%	53%	56%
山东省	64%	56%	56%	73%	60%	51%	-19%	39%
广东省	42%	46%	48%	62%	48%	32%	53%	57%

图4-39　2010年—2017年民族八省区和东部五省的资本形成总额贡献率比较

数据来源：国家统计局

接着，我们从全社会固定资产投资资金的来源看（图4-40），以2017年数据为例。全国全社会固定资产投资中国家预算的比例是6.06%，民族八省区的数值均高于全国数值，西藏更是达到了52.51%。而东部五省则基本接近全国水平，江苏省更是低至1.96%。全国投资中外资的比例是0.34%，江苏和广东达到0.71%和0.69%，而民族地区则均远低于国家水平和东部地区水平。在自筹资金方面，大部分民族地区还是低于国家水平和东部地区，内蒙古自筹资金比例达到70%，超过了全国水平。总之，与东部地区相比，民族地区的全社会固定资产投资中国家预算内资金比例较高，外资比例很低，自筹资金普遍偏低。

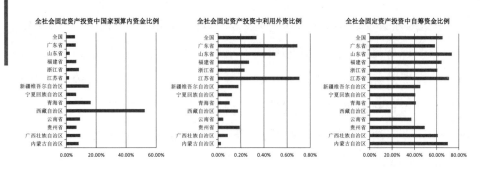

图4-40　2017年全国和部分地区全社会固定资产投资资金来源

数据来源：国家统计局

（四）净出口对于GDP的驱动影响力分析

如图4-41所示，民族地区的净出口对GDP增长的贡献率大多为负值，即负向的影响力，且影响力较大；而东部五省的净出口贡献率大多为正值，或具有较小的负向影响。这是由于民族地区的货物和服务净流出基本都为负值，即本地区产生的商品和服务不能满足本地区的消费，需要大量进口，且该进口额在增大，拉低了对经济增长速度的驱动作用。而东部发达地区主要向外输出商品和服务，驱动了本地经济的增长。

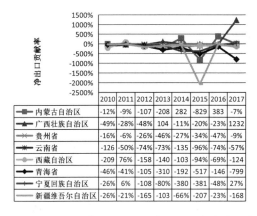
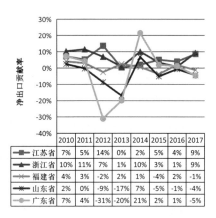

图4-41　2010年—2017年民族八省区和东部五省净出口贡献率

数据来源：国家统计局

（五）分省区比较三大需求贡献率

本小节中，我们将民族八省区的居民消费、政府消费、资本形成总额和净出口对经济增长的贡献率分地区进行比较，分析每个省区三大需求对经济增长的拉动效应的变化情况，如图4-42所示。分析该图，我们

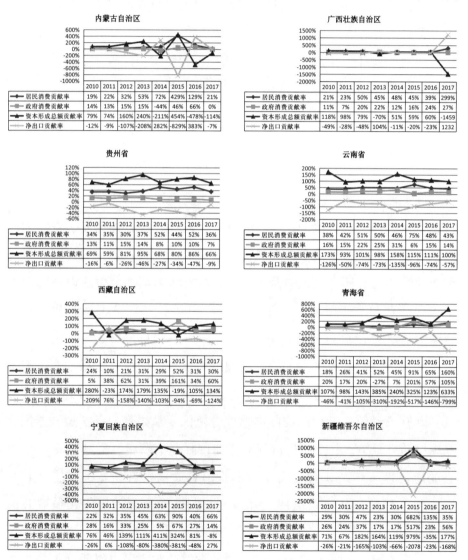

图4-42　2010年—2017年民族八省区三大需求贡献率变化

数据来源：国家统计局

可以得到下面几个事实：

（1）民族地区经济增长的主要驱动力是投资（资本形成），且以贵州、云南、青海、宁夏最为显著。2017年，广西资本形成总额减少，而净出口增加，因此各贡献率较往年都有了大的变动。

（2）居民消费对经济增长的驱动力要大于政府消费（西藏除外），且以贵州和云南最为明显。

（3）民族地区的净出口主要起着拉低经济增长的负面作用，并且从图上可以看到，净出口贡献率和资本形成贡献率常常此消彼长。

五、小结

近年来，我国民族八省区取得了巨大的经济发展成就。内蒙古、广西、贵州和新疆四省区的GDP总量较大，发展较快，而宁夏、青海和西藏三省区的GDP总量较小，发展速度较慢。但民族八省区的经济总量与东部地区相比，还有很大的差距。民族八省区的基础设施建设也都取得了很大的发展。2018年，内蒙古铁路营业里程达到了3.53万公里，位列全国第一。云南综合交通投资再创新高，达到2196.13亿元，位居全国第一。云南近年来大力发展综合交通网络，全面建设以铁路"八出省五出境"、公路"七出省五出境"、水路"两出省三出境"为主的综合交通互联互通通道。云南的国际电信业务范围也从语音业务扩展至数据、互联网转接业务，作为面向南亚东南亚国际通信枢纽、区域信息汇集中心的地位进一步凸显。云南还将围绕信息通信发展、基础设施互联互通、新一代信息技术及应用、互联网与制造业融合发展等领域展开国际交流与合作。

在地方财政方面，民族八省区的地方财政收支可以鲜明地划分为两个梯队，地方财政的自给率较低，相对发达地区，更多地依赖中央的财政转移支付。居民收入、教育、医疗都取得了较大的发展，但与东部省份相比还有巨大的差距。民族八省区的企业创新能力有较大的差距，贵州的规模以上工业企业R&D人员经费全时当量最大，而内蒙古和广西的规模以上工业企业R&D经费最多，云南增速最快。但民族八省区的创新能力与东部地区相比差距明显。

民族八省区大多处于边疆，有着边贸的天然优势，在"一带一路"倡议的推动下，进出口总额有了巨大的提升。尤其是从2017年至2019年新冠疫情之前出口额一转颓势，大幅上升。但由于各省区产业结构和贸易对象不同，贸易顺差和逆差的情况也不同。在环境方面，民族八省区在大力发展第二产业的过程中，经历了一段牺牲生态环境换经济增长的时期。当前，无论从国家层面还是地区层面，都把生态环境的保护作为发展的重中之重。由于各地区自然条件和产业结构的不同，各地面临的突出的环境污染问题也不同。例如，广西拥有全国最发达的水系，工业废水和生活污水是重要的污染来源。内蒙古作为资源和能源富集地，煤炭燃烧造成的大气污染是重要的污染来源。但总体来说，民族八省区近几年的生态环境都有所改善。

从三次产业结构的角度来看，民族八省区当前都已经发展成为"三二一"的产业结构，并且三次产业内部也都进行着调结构、转方式、促升级的工作。但总的来看，第二产业仍然占据了很大的比重。

从工业结构的角度来看，民族八省区的产业主要依赖于资源的开发，工业品以初级产品为主，工业生产的相对效益较低。

从三大需求的角度来看，民族八省区的资本形成率均高于全国水平，投资率较高。民族八省区经济增长的主要驱动力是投资（资本形成），其中以贵州、云南、青海、宁夏最为显著。与东部地区相比，民族地区的全社会固定资产投资中国家预算内资金比例较高，外资比例很低，自筹资金普遍偏低。民族八省区的最终消费率大多高于全国水平，消费对于经济的驱动效果也在不断加强，其中居民消费对经济增长的驱动力要大于政府消费（西藏除外），以贵州和云南最为明显。但和东部地区相比，民族地区的政府消费对经济增长的贡献率普遍更高。民族地区的货物和服务净流出基本都为负值，即本地区产生的商品和服务不能满足本地区的消费，需要大量进口，且该进口额在增大，拉低了对经济增长速度的驱动作用。而东部发达地区主要向外输出商品和服务，驱动了本地经济的增长。因此，民族八省区的净出口主要起着拉低经济增长的负面作用。

第五章　财政政策对内蒙古自治区
经济增长的影响机制分析

一、内蒙古自治区概况

（一）全区经济发展概况

内蒙古自治区的土地总面积为118.3万平方千米，占全国总面积的12.3%，在全国各省、自治区、直辖市中名列第三位。东、南、西部与八省区毗邻，北与蒙古国、俄罗斯接壤，国境线长4200公里。全区基本上是一个高原型的地貌区，大部分地区海拔1000米以上。全区以草本植物分布最广，大小河流千余条，较大的湖泊有295个。内蒙古还是我国发现新矿物最多的省区。截至2017年底，矿产保有资源储量居全国之首的有18种、居全国前3位的有47种、居全国前10位的有92种。稀土查明资源储量居世界首位；全区煤炭保有资源储量为4205.25亿吨，占全国总量的25.03%，居全国第二位；全区金矿保有资源储量Au815.14吨，Ag86867.90吨；铜、铅、锌3种有色金属保有资源储量5831.66万吨。2018年全区接待旅游者13044.2万人次，比上年增长12.0%；实现旅游总收入4011.4亿元，比上年增长16.6%。2018年全区确定的自然保护区182个。其中，国家级自然保护区29个，自治区级自然保护区60个。

内蒙古自治区由蒙、汉、满、回、达翰尔、鄂温克、鄂伦春、朝鲜等55个民族组成。2018年全区常住人口2534万人，比上年增加5.4万人。其中，城镇人口1589.1万人，乡村人口944.9万人。常住人口城镇化率达

62.7%，比上年提高0.7个百分点。截至2019年，内蒙古自治区共辖9个地级市、3个盟、23个市辖区、11个县级市、17个县、49个旗、3个自治旗（合计103个县级行政区划单位）。9个地级市和3个盟分别是呼和浩特市、包头市、乌海市、赤峰市、通辽市、鄂尔多斯市、呼伦贝尔市、巴彦淖尔市、乌兰察布市、兴安盟、锡林郭勒盟、阿拉善盟。内蒙古自治区地图如图5-1所示。

中国分省地图—内蒙古自治区

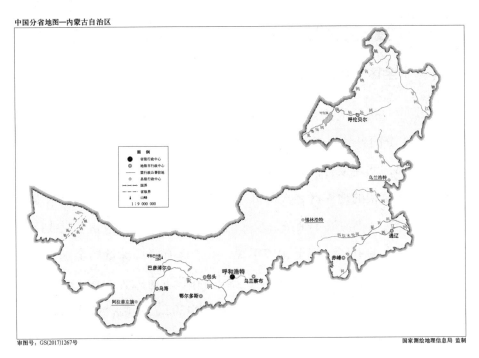

审图号：GS(2017)1267号　　　　　　　　　　　　　　　　国家测绘地理信息局 监制

图5-1　内蒙古自治区地图

来源：内蒙古自治区人民政府

内蒙古的经济在民族八省区中处于上游水平，但与全国其他地区相比还比较落后，如图5-2所示。

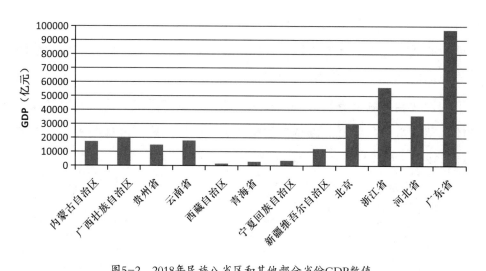

图5-2　2018年民族八省区和其他部分省份GDP数值

数据来源：内蒙古自治区人民政府

如图5-3所示，内蒙古经济的增长速度从2011年一度达到23%下降到2018年的7.4%。由于矿产资源丰富，内蒙古早期的经济发展主要依赖于资源，从《2016年中国工业统计年鉴》得到的数据可以看到，内蒙古原材料工业和采矿业在工业中的占比达到了53.8%，远高于全国的24%。第二产业，尤其是资源依赖型产业是经济发展的主要推动力，如图5-4

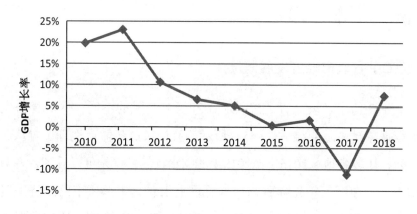

图5-3　2010年—2018年内蒙古GDP增长率

数据来源：内蒙古自治区人民政府

所示。近年来，为了优化和升级产业结构，内蒙古提出了建设"五大基地"的战略规划（规划主旨为"保障首都、服务华北、面向全国的清洁能源输出基地，全国重要的现代煤化工生产示范基地，有色金属生产加工和现代装备制造等新型产业基地，绿色农畜产品生产加工输出基地，体现草原文化、独具北疆特色的旅游观光、休闲度假基地"），三次产业占比有了较大变化，第三产业成为占比最高产业。

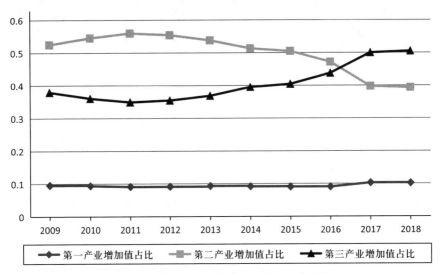

图5-4 2009年—2018年内蒙古三次产业构成变化

数据来源：内蒙古自治区人民政府

（二）各盟市经济发展概况

由于各盟市环境条件、经济基础和资源禀赋的不同，区域经济发展不平衡现象越来越明显。如图5-5所示，我们按照各盟市地理位置从西到东排列，比较各地区2016年至2018年的GDP数值，首先可以看到，各盟市的GDP总量在近三年先降后升。从总量上来看，中部盟市的经济发展明显高于西部和东部的盟市。这是由于21世纪之初，内蒙古决定选择"呼包鄂"作为全区的经济增长中心优先发展。2018年，三地GDP总额占全区

55.39%，是当之无愧的经济增长极，拉动了全区的经济增长。赤峰和通辽的经济总量也是一个高点。

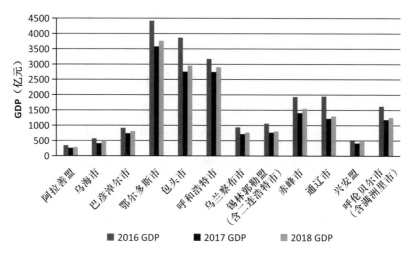

图5-5　2016年至2018年各盟市GDP数值（按从西到东区位排序）

数据来源：内蒙古自治区人民政府

如图5-6所示，从人均值来看，依然是中部高于西部和东部，但由于

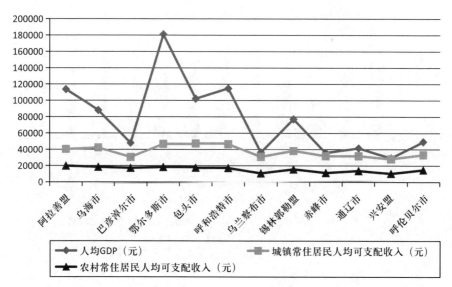

图5-6　2018年十二盟市人均GDP和居民人均可支配收入（按从西到东区位排序）

数据来源：内蒙古自治区人民政府

西部人口较少，其人均GDP要高于东部地区。从居民可支配收入来看，各盟市的城镇居民收入普遍远高于农村居民，中西部城镇和农村居民收入都明显高于东部地区，这主要得益于西部地区人口稀少，因此人均值较高。

2016年至2018年各盟市GDP的增速及均值如图5-7和图5-8所示。从三年的均值来看，西部地区增速较快，东部地区增速较慢。从各年GDP增速来看，西部的乌海市在2018年增速非常明显。GDP实现了13%的增长，是全区唯一增速达到两位数的盟市，居十二盟市首位。这主要得益于乌海市工业经济的恢复性增长，乌海市工业经济对GDP增长的贡献率达到110%，同时带动财政税收、居民收入、社会消费等方面的稳定增长。

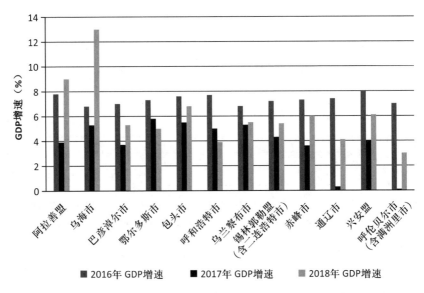

图5-7 2016年—2018年各盟市GDP增速（按从西到东区位排序）

数据来源：内蒙古自治区人民政府

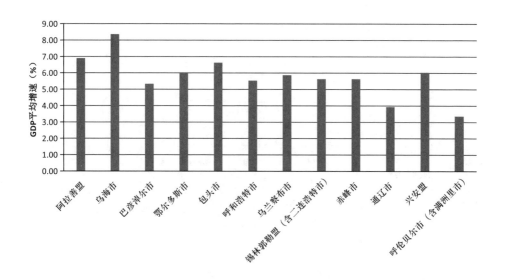

图5-8　2016年—2018年各盟市GDP增速均值（按从西到东区位排序）

数据来源：内蒙古自治区人民政府

二、民族地区经济扶持政策向经济增长的传导路径概述

我们研究一下民族地区经济扶持政策对经济增长的影响是如何实现的，即影响的传导路径。

我国针对民族地区的经济扶持政策主要包括三个大类：财政政策、税收政策和金融政策。这也是政府对社会经济进行宏观调控的重要手段。在这三大手段的操控下，政府还制定了针对性更强的行业或者专项扶持政策，例如工业政策、农牧林业政策、边贸政策等。政策的实施对象包括该地区的居民、企业和下级地方政府。例如，中央制定的经济扶持政策落实到内蒙古自治区，该区政府既是政策的执行者，又是政策的受益者；区政府制定更为详细的政策落实到下级的市和盟，下级政府既是政策的执行者，又是政策的受益者。最终扶持政策会落实到相关企业和居民之上，对消费、投资和进出口产生影响，从而最终对整个地区的经济发展产生正向或者负向的影响。

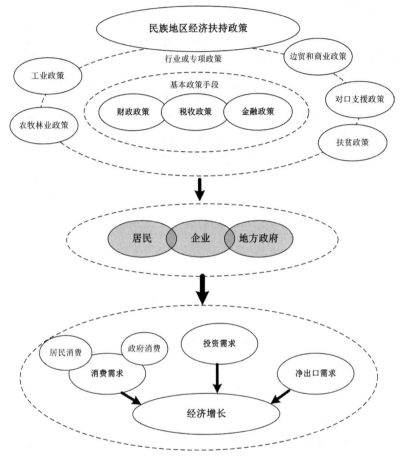

图5-9　民族地区经济扶持政策对经济增长影响的传导路径

三、内蒙古自治区财政政策概述

　　相对于东部发达地区，民族地区的财政自给率非常低，只有十分之一到一半的支出可以由本地收入支付。为缓解地方财政压力，中央财政逐年加大转移支付力度。财政部数据显示，2019年中央对地方转移支付安排75399亿元，同比增长9%，增量为历年最大。当前转移支付主要向经济欠发达的中西部地区（西部地区与民族八省区高度重合）倾斜，根据统计，近年来中西部地区转移支付规模占全国近八成。特别是一般性转移支付占比不断提高，2019年对地方一般性转移支付预算3.9万亿元，比上年增长10.9%，其中西部地区1.71万亿元，占比44.4%，中部地区1.65万亿元，占比42.8%，有力地增强了中西部地区财力。

此外，除了针对西部地区倾斜的一般转移支付外，从2000年起，为了提高民族八省区的财政保障能力，中央决定设立民族八省区转移支付补助，扶持对象包括西部大开发覆盖的8个民族省区和非少数民族省区的民族自治州。当年已安排资金25.53亿元，占一般转移支付的40.55%。到2019年，中央下达的民族地区转移支付已经达到了847亿元。民族地区转移支付主要包括各类专项转移支付和税收返还。

民族地区中，内蒙古、新疆、西藏、广西、云南属于边疆地区，中央财政还增加了对边疆地区的边境地区转移支付（2009年开始）、兴边富民行动（1999年开始）和国家级边境经济合作区基础设施贷款贴息（2012年开始）等三项特殊支持政策。

总之，中央财政转移支付极大地缓解了民族地区的财政压力，在某些地区还成为政府财政收入的主要来源。因此，我们可以以转移支付政策作为分析民族地区财政政策的代替方式。本书所指的转移支付包括中央对省级财政的转移支付和省级财政对下的转移支付两部分。

（一）中央对内蒙古自治区的转移支付

2009年至2018年，中央下达内蒙古的转移支付预算（包含一般转移支付和税收返还，以及专项转移支付）的金额变化趋势，如图5-10所示。可以看到，一般转移支付和税收返还增长较快，而专项转移支付增长相对较慢。10年间，转移支付总额增长到了原来的2.5倍，中央对内蒙古的财政支持力度逐年加大。

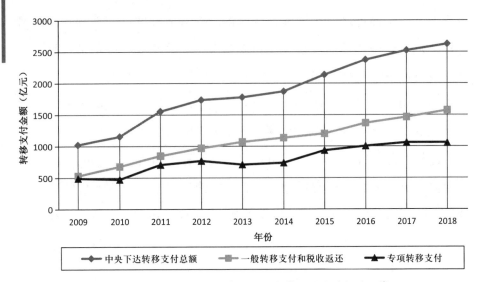

图5-10　2009年—2018年中央下达内蒙古的转移支付预算

数据来源：内蒙古自治区人民政府

图5-11中，我们分析了10年间内蒙古转移支付金额在GDP中的占比变化、在全区财政支出中的占比变化，以及转移支付中专项转移支付占比的变化。中央对内蒙古的转移支付金额与内蒙古当年GDP的比值基本稳定在10%左右，但在近几年这个占比有了一定的提升，达到了15%左右。转

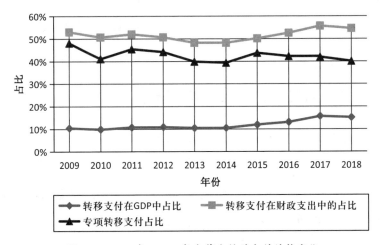

图5-11　2009年—2018年内蒙古转移支付结构变化

移支付在内蒙古财政支出中的占比围绕着50%上下浮动，近几年该数值有所上升。这说明内蒙古财政在很大程度上依赖中央的支持，财政自给率较低。

分析内蒙古转移支付本身的结构，我们发现转移支付由两部分组成——一般转移支付（含税收返还）和专项转移支付，其中，前者占大头，后者的占比在10年间略有下降，但占比仍有40%之多。

（二）内蒙古自治区对下的转移支付

省内各地区政府之间存在财政能力的差异和公共服务不均等化的现象，为了缓解这一问题，各省区级财政会向下级政府进行转移支付。这是一种财政资金转移或财政平衡制度，是财政资金在省以下地方政府间的再分配，也是省以下财政体制的重要组成部分。内蒙古比照中央对地方的财政转移支付制度框架，结合本地实际情况，不断探索自治区对下财政转移支付制度的建设，逐步形成了以自治区对下转移支付为主体，盟市、旗县对下级财政的转移支付为补充的多主体、多层次的地方财政转移支付体系。自治区2018年对下转移支付1556.17亿元，占中央对内蒙古转移支付的六成。其中，一般性转移支付、专项转移支付和税收返还的比例约6：3：1。

如图5-12所示，2017年至2019年内蒙古对各盟市的转移支付总额变化不大，保持在一个稳定的状态。

如图5-13所示，通过2019年各盟市转移支付各分项的比较，可以看到与中央对内蒙古的转移支付结构类似，占比最大的为一般性转移支付，专项和税收返还较少，这与近年来的政策调整有关。

2015年，为贯彻落实《国务院关于改革和完善中央对地方转移支付制度的意见》，内蒙古对向下转移支付制度进行了改革。按照"增一般、减专项、提绩效"的要求，提高一般性转移支付比重，逐步将自治

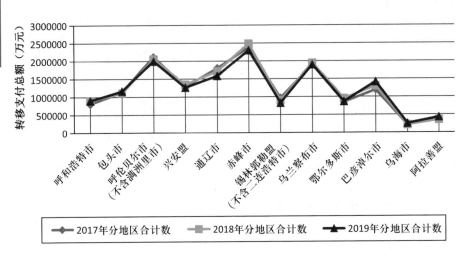

图 5-12　2017年—2019年内蒙古对各盟市的转移支付总额

数据来源：内蒙古自治区人民政府、内蒙古财政年鉴

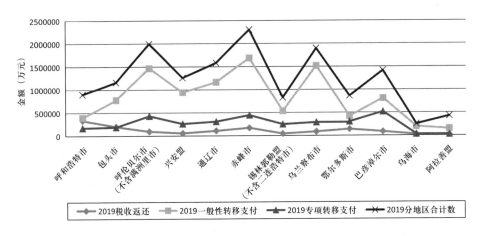

图5-13　2019年内蒙古各盟市转移支付各分项数据比较

数据来源：内蒙古自治区人民政府、内蒙古财政年鉴

区对下一般性转移支付占比提高到60％以上。大力压缩专项转移支付项目，严格控制资金规模。2016年，自治区级专项转移支付项目压减1/3以上，以后年度原则上只减不增。逐步取消竞争性领域专项和地方资金配套，严格控制引导类、救济类、应急类专项。不断提升转移支付使用绩

效，逐步建立以一般性转移支付为主体、一般性转移支付和专项转移支付相结合的转移支付制度。

（三）内蒙古自治区其他资金性扶持政策

（1）民族发展资金

民族发展资金是中央财政设立的用于支持贫困民族地区推进兴边富民行动、扶持人口较少民族发展、改善除汉族以外其他民族生产生活条件的专项资金，是中央财政扶贫资金的组成部分。

2017年和2018年内蒙古自治区分别向57个贫困旗县下达中央财政安排内蒙古的民族发展资金32490万元和43089万元。自治区民委还制订了民族发展资金整合方案，由贫困旗县对民族发展资金进行统筹整合使用。内蒙古还将民族发展资金与贫困户建档立卡相关联，为精准扶贫提供支持。在分配资金时，加大对国贫旗、区贫旗，特别是民族聚居的贫困旗县的扶持力度。

2007年，锡林郭勒盟苏尼特右旗被国家民委列为国家"兴边富民行动"重点旗，截至2017年，共争取项目资金7960万元，共实施"兴边富民行动"项目43个，惠及全旗7个苏木镇、63个嘎查村、农牧民2000余户，涉及危房改造、安全饮水和畜牧业基础设施建设等。

2017年，呼伦贝尔市鄂温克族自治旗把240万元民族发展资金采用托管的方式注入该旗西苏木牧民建立的呼伦贝尔市金棘草布里亚特食品厂，由食品厂连续5年为西苏木4个嘎查的87户贫困户分红，帮助贫困户增收脱贫。

2015年以来，阿拉善盟阿拉善左旗使用该资金实施项目30个，扶持了11个苏木镇、街道的177户贫困户，项目涉及基础设施建设、民族特色食品加工、种养殖、手工艺品加工等。

（2）民族机动金

民族机动金是国家为适应民族自治地方经济社会发展，在财力上给予特殊扶持而设立的一项民族工作专项经费。1963年国务院批转财政部、民族事务委员会《关于改进民族自治地方财政管理的规定（草案）》，规定各民族自治地方的预算除设置预备费外，可按上年行政、事业经费支出决算数的5%增列机动资金，作为对民族自治地方经济文化建设的特殊照顾。1971年以后，财政部又规定，除汉族以外其他民族人口较多的云南、青海、贵州等省可以比照民族自治地方办理。2018年，内蒙古下达各盟市民族机动金专项补助1.7亿元，主要用于扶持民族教育、民族科技、民族文化、民族卫生等民族事业发展项目。

（3）针对"三少民族"（鄂温克、鄂伦春和达斡尔族）实行的差别化支持政策

1997年，内蒙古自治区八届人大常委会第二十六次会议审议批准《莫力达瓦达斡尔族自治旗自治条例》和《鄂温克族自治旗自治条例》。1996年，《鄂伦春自治旗自治条例》颁布实施。至此，自治区3个民族自治旗的自治条例全部出台。达斡尔族、鄂温克族、鄂伦春族在历史上居住地域相邻交叉，有着许多相同的文化，人们习惯称之为"三少民族"。内蒙古自治区的"三少民族"人口分布相对集中的地理区域有内蒙古呼伦贝尔市的鄂伦春自治旗、鄂温克族自治旗、莫力达瓦达斡尔族自治旗。

内蒙古每年对鄂温克族自治旗、莫力达瓦达斡尔族自治旗和鄂伦春自治旗分别给予特殊财力补助0.71亿元、1.37亿元和1.06亿元。在每年安排鄂伦春自治旗加松税款补助1.07亿元的基础上，2018年又增加补助1亿元，稳步提高鄂伦春自治旗财力水平。对农村公路采取普惠加特惠的投资补助政策。

四、转移支付对民族地区经济增长影响的传导路径分析

（一）基于转移支付支出去向的传导路径

本小节我们将从转移支付的支出去向的角度来分析其对经济增长的三大需求的影响传导路径。中央财政转移支付极大地缓解了民族地区的财政压力，在某些地区还成为政府财政收入的主要来源。无论是一般转移支付还是专项转移支付，最终形成两类支出：消费和投资。专项转移支付大多数体现为投资，如果最终能形成有效投资，则可以增强当地发展后劲。而用于基础教育、公共卫生、社会保障等方面的公共服务支出和消费支出，则最终能够转为人力资本。转移支付政策对民族地区经济增长影响的基本传导路径如图5-14所示。

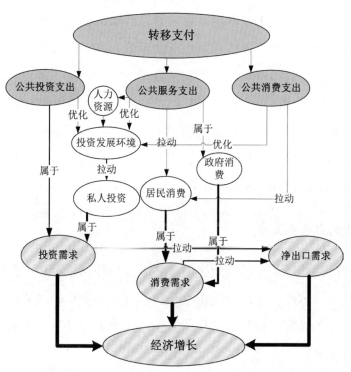

图5-14　基于转移支付支出去向对经济增长影响的传导路径

转移支付作为民族地区政府财政收入的主要组成部分，它的支出使用基本有三个方向：公共投资支出、公共服务支出和公共消费支出。具体内涵如下：

（1）公共投资支出

公共投资支出属于生产性支出，主要用于地方基础设施建设，包括交通运输、机场、港口、桥梁、通信、水利及城市供排水供气，供电设施和提供无形产品或服务于科教文卫等部门所需的固定资产，它是一切企业、单位和居民生产经营工作和生活的共同的物质基础。此外，还包括农业基础设施，如农田水利建设等。公共投资支出主要来源于一般性转移支付，由地方政府根据自身情况来安排使用。

一方面，公共投资本身属于投资需求中的政府投资，是总需求的一个重要组成部分，其扩张本身就意味着总需求的扩张。在总供给大于总需求的宏观经济态势下，按照凯恩斯的理论，其对经济增长具有积极的意义。因此，公共投资对经济增长有直接的驱动作用。另一方面，公共投资的主要领域往往具有典型的外部正效应，比如公共基础设施投资，它的发展直接为以此为发展基础的相关产业部门的扩张提供了支持，优化了当地的投资发展环境。因此，公共投资的先期扩张，往往带来私人投资的繁荣，从而为经济增长带来累积效应。

（2）公共服务支出

促进民族地区和非民族地区的公共服务均等化是转移支付政策设立的初衷之一。因此，该部分支出也是转移支付的重点，主要包括民生性的支出（例如教育、科技、文化、卫生、体育等公共事业）和公共基础性服务的支出。

从图5-14中可以看到，一方面，公共服务支出本身属于政府消费，是消费需求中的一个重要组成部分，其扩张本身就意味着总需求的扩张，对经济增长具有积极的意义；另一方面，地方政府提高公共产品和服务的质量与水平，增加辖区内居民的生活保障，拉动居民消费，从而也扩大了消费需求。此外，也是非常重要的一点，就是教育等公共服务的提供可以有助于人才积累和提高当地劳动力的技能水平，改善当地的投资和发展环境，增强对国内外企业的投资吸引力，以投资带动当地的经济增长。因此，可以说，用于公共服务的转移支付有助于地方政府提高公共服务的质量和水平，多方面增强地方经济发展的动力与活力。

（3）公共消费支出

公共消费支出指用于地方管理性的支出，如国家公职人员的工资或行政支出等。一方面，公共消费支出可以增加财政供养人员的收入，增加社会消费，直接拉动消费需求；另一方面，欠发达的民族地区的财政收入非常有限，急需来自中央的转移支付资金维持和改善地方日常行政和管理服务的功能，从而创造更好的营商环境，改善民生，吸引投资，驱动当地的经济增长。

（二）基于转移支付正负影响的传导路径

转移支付政策对经济增长并不是仅仅有正向的作用，还可能存在巨大的负向影响。过多的转移支付在一定程度上会对经济发展起到阻碍作用，转移支付的负向影响机制主要表现在如下两个方面：第一，地方财政对上级政府转移支付的依赖性；第二，地方政府财政支出结构的劣化。如图5-15所示。

（1）地方财政对上级政府转移支付的依赖性

地方政府获得上级政府的转移支付资金往往是不需要付出代价的，

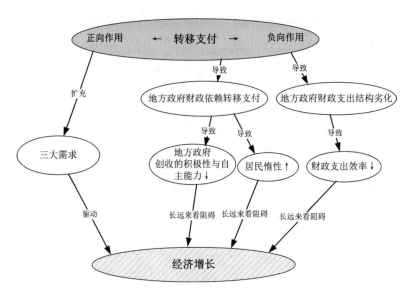

图5-15 基于转移支付的正负影响对经济增长影响的传导路径

这会加剧地方政府对国家支援政策的依赖性，同时降低自身开源节流的积极性和自主能力，这是"授之以鱼，而非授之以渔"，长远来看，该地区经济增长的潜力将大打折扣。此外，中央对地方给予的直接援助大大提升了公共设施和服务水平，居民不需要付出辛勤劳动就可以享受更好的公共服务，这会使得劳动者缺乏工作的积极性，安于现状，也不利于经济的长远发展。

（2）地方财政支出结构的劣化

从长远来看，地区经济的持续增长应该依赖于当地的内生动力，而非外部资助。由于转移支付资金几乎没有成本，降低了公共产品的成本，从而对私人投资产生了"挤出效应"，不利于在公共产品与私人产品之间寻找帕累托最优，使得公共支出结构不合理，与自身财政收入不匹配。另外，有的地方政府还倾向于将转移支付用于那些能短期内带动GDP增长的公共支出，而忽视当地长期的经济发展。另外，有些地方还恶意降低税收，一方面可以出现财政赤字，以获取更多的转移支付；另一方面可以吸引企业投资。这些行为在短期内可能使当地获得GDP的快速增长，然而由于政府的财政结构发生了劣化，财政支出没有起到应有的调整和优化经济结构的作用，财政支出的总体效率降低，长期来看必然阻碍经济的增长。

总之，过多的转移支付资金会降低地方政府财政努力的积极性，助长地方政府和社会民众的懒惰心态，减少地方政府财政收入。同时，转移支付还可能通过扭曲财政支出效率和用途，削减转移支付的作用效果，进一步影响转移支付对经济增长的促进效应。

五、内蒙古自治区转移支付对经济增长影响的效应分析

（一）全区转移支付对经济增长影响的回归分析

接下来我们通过构建回归模型，研究内蒙古的转移支付和经济增长之间的定量关系。样本为内蒙古2009年至2017年转移支付数据及对应的下一年GDP数据，相关描述性统计结果如表5-1所示。

表5-1　内蒙古9年GDP和转移支付描述性统计

	观测值	极小值	极大值	均值	标准差
中央下达转移支付总额	9	1022.2	2523.0	1794.200	506.7455
一般转移支付和税收返还	9	530.4	1464.0	1029.267	307.1476
专项转移支付	9	474.4	1059.0	764.933	205.4455
内蒙古下一年GDP	9	11672.00	18128.10	16216.0211	2077.97921

首先对中央下达转移支付总额和内蒙古下一年GDP的相关性进行分析，如表5-2所示。两个变量在0.05水平（双侧）显著正相关。

表5-2　中央下达转移支付总额和内蒙古下一年GDP的相关性

		中央下达转移支付总额	内蒙古下一年GDP
中央下达转移支付总额	Pearson相关性	1	.736*
	显著性（双侧）		.024
	N	9	9
内蒙古下一年GDP	Pearson相关性	.736*	1
	显著性（双侧）	.024	
	N	9	9
*. 在0.05水平（双侧）上显著相关			

接着我们分别用线性方程和二次方程来拟合上述两个变量在坐标中的点，如表5-3和图5-16所示。显然，二次方程拟合结果较好，随着中央对内蒙古转移支付总额的增加，GDP并不是线性增加，而存在一个拐点。拟合方程如下：

$$Y = -4138.366 + 21.281 * X - 0.005 * X^2 \qquad （公式5.1）$$

其中，Y为内蒙古的GDP，X为上一年度的转移支付总额。对上述方程求导，得到拐点为$X = 2128.1$。

表5-3　模型汇总和参数估计值

因变量：内蒙古下一年GDP

方程	模型汇总					参数估计值		
	R方	F	df1	df2	Sig.	常数	b1	b2
线性	.542	8.275	1	7	.024	10800.788	3.018	
二次	.897	26.195	2	6	.001	-4138.366	21.281	-.005

自变量为 中央下达转移支付总额。

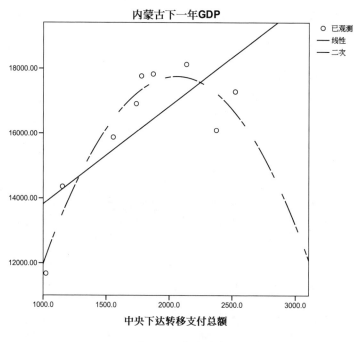

图5-16　拟合曲线

数据来源：计算结果

上述结论说明，中央对内蒙古转移支付的资金总额和内蒙古经济增长之间不是简单的线性关系，而是非线性关系。结合前文数据可以看到，近年来，中央对内蒙古的转移支付总额一直在增加，而内蒙古的经济增长却在2016年和2017年出现了大幅度的下跌。转移支付，尤其是一般性转移支付增加了省级财政能力，却没有体现在经济相应的增长上。

接着具体分析经济增长和一般转移支付，以及专项转移支付的关系。我们构建回归模型如下：

$$GDP_{i+1} = \alpha + \beta * F_i + \gamma * S_i + \varepsilon \qquad （公式5.2）$$

其中，GDP_{i+1}为内蒙古第i+1年的国民生产总值，是回归分析中的因变量，F_i为内蒙古第i年得到的中央一般性转移支付和税收返还金额，S_i为内蒙古第i年得到的中央专项转移支付金额，两者都是回归分析中的自变量。

基于SPSS对数据进行分析，回归结果如表5-4所示。可以看到，一般转移支付和税收返还对下一年度的经济增长有着较强的不显著的正向作用，而专项转移支付则有着较弱的不显著的负向作用。从结论可以看到，尽管不明显，但一般性转移支付对经济呈现了正向作用，而专项则相反，这也在一定程度上解释了当前"增一般、减专项、提绩效"的转移支付改革原则。

表5-4　回归模型结果

模型		非标准化系数		t	Sig.
		B	标准 误差		
1	（常量）	11627.842	2002.971	5.805	.001
	一般转移支付和税收返还	9.616	5.513	1.744	.132
	专项转移支付	−6.940	8.242	−.842	.432

（二）全区转移支付对经济增长影响的效率分析

数据包络分析（Data Envelopment Analysis，DEA）技术效率测算方法是一种在生产技术水平给定的条件下，对一组相同类型的具有多投入和多产出的决策单元的相对投入产出效率即技术效率进行测算的非参数方法。本书对2009年至2017年的转移支付效率进行了包络数据分析，测算了其技术效率、纯技术效率、规模效率和规模报酬阶段。在本书中，投入部分包括两项：一般转移支付（含税收返还）和专项转移支付，产出为下一年度的全区GDP数值。指标和数据如表5-5所示。

表5-5　投入产出分析的原始数据

（单位：亿元）

年份	产出指标	投入指标	
	内蒙古GDP（下一年度）	一般转移支付和税收返还	专项转移支付
2009	11672	530.4	491.8
2010	14359.88	678.8	474.4

年份	产出指标	投入指标	
	内蒙古GDP（下一年度）	一般转移支付和税收返还	专项转移支付
2011	15880.58	848.3	707.2
2012	16916.5	969.3	768.2
2013	17770.19	1068.6	710
2014	17831.51	1134.1	737.4
2015	18128.1	1200.1	933.4
2016	16096.21	1369.8	1003
2017	17289.22	1464	1059

基于DEA模型分析流程，得到效率的总体评价结果（表5-6）。

表5-6　效率总体评价

年份	综合技术效率	纯技术效率	规模效率	规模报酬
2009	1	1	1	不变
2010	1	1	1	不变
2011	0.864	1	0.864	递减
2012	0.812	1	0.812	递减
2013	0.827	1	0.827	递减
2014	0.799	1	0.799	递减
2015	0.704	1	0.704	递减
2016	0.552	0.888	0.622	递减
2017	0.556	0.954	0.583	递减

纯技术效率反映的是决策单元在一定（最优规模时）投入要素的生产效率。规模效率反映的是实际规模与最优生产规模的差距。一般认为：综合技术效率=纯技术效率×规模效率。综合技术效率是对决策单元的资源配置能力、资源使用效率等多方面能力的综合衡量与评价。纯技术效率是由于管理和技术等因素影响的生产效率，规模效率是由于规模因素影响的生产效率。

从上表中可以看到，2009年和2010年，全区的转移支付效率均为1，说明这两年全区的转移支付的产出效率同时处于规模与技术双重有效，资源的配置和使用处在一个较好的均衡状态。从2011年到2015年，纯技术效率等于1，但规模效率呈现了大致的递减趋势，这表示在目前的技术水平上，投入的转移支付金额的使用是有效率的，未能达到综合有效的根本原因在于其规模无效，因此其改革的重点在于如何更好地发挥其规模效益。而到了2016年和2017年，纯技术效率也出现了递减的情况，综合效率值偏低，说明转移支付资金的配置不够合理，资金效率处于较差水平。

接着来分析各年份的产出不足和投入冗余，可以为内蒙古改善转移支付资金效率提供改进与调整的方向，如表5-7所示。从表中可以看到，从2009年到2015年，只有2012年发生了少量的产出不足和投入冗余情况。而2016年和2017年的产出不足和投入冗余数值都较大，且综合技术效率低下，这说明近几年内蒙古的转移支付资金的效率出现了明显的下降，需要从投入规模上进行调整。

表5-7　各年份的产出不足和投入冗余

（单位：亿元）

年份	综合技术效率	产出不足 内蒙古GDP（下一年度）	产出目标值 内蒙古GDP（下一年度）	投入冗余 一般转移支付和税收返还	专项转移支付	投入目标值 一般转移支付和税收返还	专项转移支付
2009	1	0	11672	0	0	530.4	491.8
2010	1	0	14359.88	0	0	678.8	474.4
2011	0.864	0	15880.58	0	0	848.3	707.2
2012	0.812	1.95	16918.45	0	−59.462	969.3	708.738
2013	0.827	0	17770.19	0	0	1068.6	710
2014	0.799	0	17831.51	0	0	1134.1	737.4
2015	0.704	0	18128.1	0	0	1200.1	933.4
2016	0.552	2031.89	18128.1	−169.7	−69.6	1200.1	933.4
2017	0.556	838.88	18128.1	−263.9	−125.6	1200.1	933.4

（三）各盟市转移支付对经济增长影响的回归分析

本小节收集2011年至2018年内蒙古十二盟市的面板数据以分析转移支付对当地经济增长的影响。数据来源于各年度内蒙古统计年鉴，数据已进行平减处理。采用Stata进行分析。

被解释变量（GDP）：用GDP数值作为经济增长的指标。

解释变量：一般性转移支付（GT）、专项转移支付（ST）、税收返还（TR）。

控制变量：固定资产投资（K）、劳动力（L）（年末就业总人数）。

构建回归模型如下：

$$lnGDP_{i,t} = \alpha_1 lnGT_{i,t} + \alpha_2 lnST_{i,t} + \alpha_3 lnTR_{i,t} + \beta_1 lnK_{i,t} + \beta_2 lnL_{i,t} + \gamma$$

（公式5.3）

其中，i表示各盟市，t表示年份，γ为常数项。

数据的描述性统计如表5-8所示。单位根检验结果如表5-9所示，所有变量一阶平稳。协整检验如表5-10所示，存在长期均衡，使用原始数据进行回归。

表5-8　描述性统计

Variable		Mean	Std.Dev.	Min	Max	Observations
GDP	overall	1.420e+07	1.050e+07	2.693e+06	3.940e+07	N=96
	between		1.090e+07	3.210e+06	3.540e+07	n=12
	within		1.440e+06	8.600e+06	1.820e+07	T=8
GT	overall	564929	356440	9630	1.258e+06	N=96
	between		355995	110248	1.108e+06	n=12
	within		98261	151961	774328	T=8
ST	overall	606255	391979	30375	2.220e+06	N=96
	between		273867	122502	1.077e+06	n=12
	within		290123	188241	1.749e+06	T=8
TR	overall	121268	231314	10027	1.187e+06	N=96
	between		59554	25380	211960	n=12

Variable		Mean	Std.Dev.	Min	Max	Observations
	within		224100	−42420	1.110e+06	T=8
K	overall	9.380e+06	6.999e+06	1.246e+06	2.630e+07	N=96
	between		6.971e+06	2.494e+06	2.250e+07	n=12
	within		1.992e+06	−45489	1.770e+07	T=8
L	overall	119.7	69.80	14.10	362.7	N=96
	between		71.54	17.55	270.5	n=12
	within		11.47	96.11	212.0	T=8

表5-9 单位根检验

Variable	LLC	Harris–Tzavalis	Fisher
lnGDP	−10.9042[***]	−0.0572[***]	51.6247[***]
	(0.0000)	(0.0000)	(0.0009)
lnGT	−4.2543[***]	−0.1148[***]	57.7753[***]
	(0.0000)	(0.0000)	(0.0001)
lnST	−12.3440[***]	−0.4561[***]	60.6749[***]
	(0.0000)	(0.0000)	(0.0001)
lnTR	−6.3615[***]	−0.4327[***]	60.1190[***]
	(0.0000)	(0.0000)	(0.0001)
lnK	−9.2350[***]	−0.1425[***]	54.6021[***]
	(0.0000)	(0.0000)	(0.0004)
lnL	−1.8995[**]	0.1863[***]	68.2372[***]
	(0.0287)	(0.0000)	(0.0000)

t statistics in parentheses $^*p<0.1$, $^{**}p<0.05$, $^{***}p<0.01$

表5-10 协整检验

	Statistic	p–value
Modified Dickey–Fuller t	3.7924[***]	0.0001
Dickey–Fuller t	6.0586[***]	0.0000
Augmented Dickey–Fuller t	5.6326[***]	0.0000
Unadjusted Dickey–Fuller t	−3.2456[***]	0.0006

t statistics in parentheses $^*p<0.1$, $^{**}p<0.05$, $^{***}p<0.01$

F检验和豪斯曼检验结果如表5-11所示，拒绝随机效应模型，使用固定效应模型进行检验。异方差和自相关检验结果如表5-12所示，拒绝原假设，存在异方差和自相关。

表5-11 F检验和豪斯曼检验

	F检验	豪斯曼检验
统计值	74.7300	64.20
P值	0.0000	0.000

表5-12 异方差和自相关检验

	F	chi2 (30)
tm11	74.7300 (0.0000)	72.9890 (0.0000)

模型修正结果如表5-13所示。

表5-13 模型修正

被解释变量lnGDP		
解释变量	解释变量	系数
一般性转移支付	lnGT	-0.0602^{**} (-2.4636)
专项转移支付	lnST	-0.1767^{***} (-3.8833)
税收返还	lnTR	0.0520^{**} (2.4860)
固定资产投资	LnK	0.4652^{***} (6.7372)
劳动力	lnL	-0.4896^{***} (7.0161)
常数	_cons	9.1405^{***} (9.7774)
Observations		96
R-squared		0.9930
t statistics in parentheses $^{*}p<0.1$, $^{**}p<0.05$, $^{***}p<0.01$		

最终，回归模型为：

$$lnGDP_{i,t}=-0.0602lnGT_{i,t}-0.1767lnST_{i,t}+0.052lnTR_{i,t}+0.4652lnK_{i,t}$$
$$-0.4896lnL_{i,t}+9.1405 \qquad （公式5.4）$$

从回归模型可以看到，内蒙古十二盟市的一般转移支付和专项转移支付都对当地GDP的增长产生了负向作用，而税收返还起到了正向作用。这说明，在盟市层级，转移支付在促进经济增长中的作用没有得到良好的体现，转移支付资金在基层的有效使用还存在问题。在控制变量中，固定资产投资起到了正向作用，而劳动力起到负向作用。同时，从回归系数来看，固定资产投资对于GDP增长的积极影响最大，而劳动力数量对于GDP增长的消极影响最大。本书中采用的劳动力数据仅仅为当年年末就业总人数。从结论来看，增加的就业人口并没有对经济有正向的推动作用，反而成为成本和负担。因此，一方面需要降低经济增长对投资的依赖；另一方面需要提高就业人口素质和能力，提高劳动力对经济增长的正向推动作用。

（四）各盟市转移支付对经济增长影响的效率分析

本书对2017年各盟市的转移支付效率进行包络数据分析，测算其技术效率、纯技术效率、规模效率和规模报酬阶段。在本书中，投入部分包括两项：一般转移支付（含税收返还）和专项转移支付。产出为下一年度（2018年）的各盟市的GDP数值。指标和数据如表5-14所示。

表5-14 投入产出分析的原始数据

（单位：亿元）

内蒙古各盟市	产出指标	投入指标	
	GDP（下一年度）	一般转移支付和税收返还	专项转移支付
呼和浩特市	2903.5	49.44	31.47
包头市	2951.8	79.87	33.69

内蒙古各盟市	产出指标	投入指标	
	GDP（下一年度）	一般转移支付和税收返还	专项转移支付
呼伦贝尔市（含满洲里市）	1252.9	149.04	79.59
兴安盟	472.5	83.41	44.57
通辽市	1301.6	116.92	63.00
赤峰市	1549.8	152.72	85.05
锡林郭勒盟（含二连浩特市）	813.9	54.68	48.58
乌兰察布市	764.5	136.21	52.50
鄂尔多斯市	3763.2	43.86	41.15
巴彦淖尔市	813.1	75.16	43.67
乌海市	495.9	16.50	4.19
阿拉善盟	283.3	16.50	22.94

基于DEA模型分析流程，得到效率的总体评价结果（表5-15和图5-17）。

表5-15　效率总体评价

内蒙古各盟市	综合技术效率	纯技术效率	规模效率	规模报酬
呼和浩特市	0.959	0.999	0.961	递减
包头市	0.845	0.951	0.889	递减
呼伦贝尔市（含满洲里市）	0.159	0.333	0.478	递减
兴安盟	0.107	0.126	0.853	递减
通辽市	0.209	0.346	0.604	递减
赤峰市	0.185	0.412	0.45	递减
锡林郭勒盟（含二连浩特市）	0.182	0.216	0.842	递减
乌兰察布市	0.138	0.203	0.678	递减
鄂尔多斯市	1	1	1	不变
巴彦淖尔市	0.191	0.216	0.883	递减
乌海市	1	1	1	不变
阿拉善盟	0.2	0.571	0.35	递减

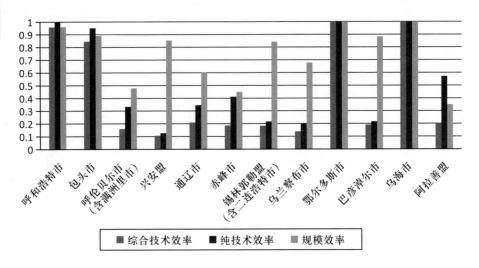

图5-17　内蒙古各盟市转移支付效率比较图

数据来源：内蒙古自治区人民政府、内蒙古财政年鉴

从上表和上图中可以看到，第一，鄂尔多斯市和乌海市的转移支付效率均为1，说明这两个地区的转移支付的产出效率同时处于规模与技术双重有效，资源的配置和使用处在一个较好的均衡状态。第二，呼和浩特和包头的效率总体较高，且纯技术效率较高，说明两地在目前的技术水平上，投入的转移支付金额的使用是有一定效率的，未能达到综合有效的主要原因在于其规模无效，阿拉善盟同样如此。而其他地区则综合效率值偏低，基本在0.2以下，说明转移支付资金的配置不够合理，资金效率处于较差水平。同时可以看到造成这个问题的主要原因在于规模效率的不足。

我们接着来分析各年份的产出不足和投入冗余，可以为各盟市改善转移支付资金效率提供改进与调整的方向，如表5-16所示。

表5-16　各盟市的产出不足和投入冗余

（单位：亿元）

内蒙古各盟市	综合技术效率	产出不足	产出目标值	投入冗余		投入目标值	
		GDP（下一年度）	GDP（下一年度）	一般转移支付和税收返还	专项转移支付	一般转移支付和税收返还	专项转移支付
呼和浩特市	0.959	3.979	2907.479	−12.746	0	36.694	31.470
包头市	0.845	151.929	3103.729	−41.532	0	38.338	33.690
呼伦贝尔市（含满洲里市）	0.159	2510.300	3763.200	−105.180	−38.440	43.860	41.150
兴安盟	0.107	3290.700	3763.200	−39.550	−3.420	43.860	41.150
通辽市	0.209	2461.600	3763.200	−73.060	−21.850	43.860	41.150
赤峰市	0.185	2213.400	3763.200	−108.860	−43.900	43.860	41.150
锡林郭勒盟（含二连浩特市）	0.182	2949.300	3763.200	−10.820	−7.430	43.860	41.150
乌兰察布市	0.138	2998.700	3763.200	−92.350	−11.350	43.860	41.150
鄂尔多斯市	1	0	3763.200	0	0	43.860	41.150
巴彦淖尔市	0.191	2950.100	3763.200	−31.300	−2.520	43.860	41.150
乌海市	1	0	495.900	0	0	16.500	4.190
阿拉善盟	0.2	212.600	495.900	0	−18.750	16.500	4.190

六、总结和政策建议

本章以内蒙古为例，研究民族地区财政政策对经济增长的影响机制和效应。根据数据统计可知，中央对内蒙古的财政支持力度逐年加人。转移支付在内蒙古财政支出中的占比围绕着50%上下浮动，近几年该数值有所上升。这说明内蒙古财政在很大程度上依赖中央的支持，财政自给率较低。内蒙古对下转移支付约占中央对内蒙古转移支付的六成，结构与中央下达资金结构类似，即一般性转移支付约占六成。一般性转移支付占比有所增加，但与发达国家相比仍然有很大差距。

（一）研究小结

本章主要的研究成果和结论如下：

（1）建模研究结果

构建了"转移支付对民族地区经济增长影响的传导路径模型"，包括两个模型："基于转移支付支出去向的传导路径模型"和"基于转移支付正负影响的传导路径模型"。其中，第一个模型从转移支付资金的支出去向梳理其传导路径，最终形成消费需求和投资需求来推动经济增长，可以更加本质地理解转移支付的作用机理。第二个模型从转移支付正向和负向的影响角度建模，可以更加全面辩证地理解转移支付的作用机理。两个模型都为相关政策建议的提出提供了理论参考。

（2）回归分析结果

中央对内蒙古转移支付的资金总额和内蒙古经济增长之间不是简单的线性关系，而是非线性关系。转移支付，尤其是一般性转移支付增加了省级财政能力，却没有体现在经济相应的增长上。从全区角度看，尽管不明显，但一般性转移支付对经济呈现了正向作用，而专项则相反，这也在一定程度上解释了当前"增一般、减专项、提绩效"的转移支付改革原则。

近些年，内蒙古十二盟市的一般转移支付和专项转移支付都对当地GDP的增长产生了显著的负向作用。这说明在盟市层级，转移支付在促进经济增长中的作用没有得到良好的体现，转移支付资金在基层的有效使用还存在问题。

固定资产投资对于GDP增长的积极影响最大，而劳动力数量对于GDP增长的消极影响最大。本书中采用的劳动力数据仅仅为当年年末就业总人数。从结论来看，增加的就业人口并没有对经济有正向的推动作用，反而成了成本和负担。因此，一方面需要降低经济增长对投资的依赖；另一方面需要提高就业人口素质和能力，提高劳动力对经济增长的正向推动作用。

（3）效率分析结果

近年来，内蒙古全区的转移支付效率呈现递减的趋势，转移支付资金的配置不够合理，资金效率处于较差水平，各地区转移支付效率存在较大差距。鄂尔多斯市和乌海市的转移支付效率最高，说明其资源的配置和使用处在一个较好的均衡状态。呼和浩特、包头和阿拉善盟的转移支付金额的使用是有一定效率的，未能达到综合有效的主要原因在于其规模无效。而其他地区则综合效率值偏低，说明转移支付资金的配置不够合理，资金效率处于较差水平。

（二）政策建议

根据本章研究结果，我们提出如下优化转移支付政策的建议。

（1）继续增加一般性转移支付，降低专项转移支付比例

从全区角度看，一般性转移支付对经济增长呈现正向作用，而专项则相反，因此建议继续加大一般性转移支付占比，降低专项占比。针对目前专项转移支付项目设置分散、比重大、覆盖广泛等特点，必须优化和调整转移支付结构，逐步扩大一般性转移支付比重、减少专项转移支付的比重，使上级政府对下级政府的转移支付形成以一般性转移支付为重点、专项转移支付为补充的科学体系，扩大地方财政自主调控余地。

（2）加大对盟市、旗县财政转移支付力度，提高基层资金使用效率

研究表明，在盟市及以下层级，转移支付在促进经济增长中的作用没有得到良好的体现，转移支付资金在基层的有效使用还存在问题。当前，内蒙古对下转移支付约占中央对内蒙古转移支付的六成，建议未来加大对盟市、旗县财政转移支付力度，提升基层政府财力水平。

从各盟市转移支付效率来看，中部地区远高于西部和东部地区，这也和各地经济发展水平是一致的。因此，建议要进一步加大对蒙东、蒙西地区的转移支付力度，足够重视存在的地区经济差异，充分运用宏观调控手段缩小地区差异，实现东、中、西部相对均等化的目标。同时，有针对性地制定财力补助标准，建立有效的资金使用监管和绩效评价体系，提高各盟市、旗县的资金使用效率。

（3）调整转移支付支出结构，发挥其宏观调控作用，优化产业结构，保障民生发展

研究结果表明，固定资产投资对于GDP增长的积极影响最大，而劳动力数量对于GDP增长的消极影响最大。增加的就业人口并没有对经济有正向的推动作用，反而成了成本和负担。因此，我们建议调整转移支付的支出结构，充分发挥转移支付的宏观调控作用。一方面，扶持优势产业，加大科研投入，优化产业结构，降低经济增长对固定资产投资的依赖；另一方面，向公共服务支出倾斜，加大对于教育、医疗卫生、生态环境等民生领域的投入，提高劳动力素质，挖掘增长潜力，提高劳动力对经济增长的正向推动作用。

第六章 税收政策对内蒙古自治区经济增长的影响机制分析

本章主要分析内蒙古税收政策对经济增长影响的效应，在梳理内蒙古自治区税收优惠政策的发展和现状后，从税收政策的角度分析其对地区经济增长的影响，在研究政策对经济增长传导过程的基础上，得到结构性减税的具体减税内容对于地区经济增长的传导过程，之后对内蒙古自治区结构性减税对地区经济增长的效应进行实证分析。

一、内蒙古自治区税收政策概述

近些年来，我国采取了一系列鼓励优惠税收政策扶持内蒙古自治区经济发展。内蒙古自治区具备民族自治地区和西部地区的双重优惠政策的优势，自治区中的大中小企业同时享受到了多种中央对内蒙古自治区的税收优惠政策。

（一）中央对内蒙古自治区税收优惠政策

（1）西部大开发税收优惠政策

西部大开发税收优惠政策是国家税务总局、财政部以及国家海关总署为支持西部地区经济发展，进一步贯彻和落实《国务院关于实施西部大开发若干政策措施的通知》和《国务院办公厅转发国务院西部开发办关于西部大开发若干政策措施实施意见的通知》文件的精神，进一步落实西部具体情况所颁布的税收优惠措施。优惠措施的实施地区包含内蒙古自治区在内的西部多个省、自治区，内蒙古自治区结合自身实际情况于2003年2月24日发布《内蒙古自治区实施西部大开发若干政策措施的规定》。之后《内蒙古鼓励外商投资优惠政策》和《内蒙古扩大横向联合优惠政策》停止执行。2010年7月，国家西部大开发工作会议召开，会上明确将西部大开发税收政策时限再延长10年。西部大开发优惠政策总的来说，主要包括企业所得税优惠政策、农业特产税优惠政策、耕地占用税优惠政策和关税及进口环节增值税优惠政策。

从西部大开发税收优惠政策落实情况看，西部大开发战略实施以来，内蒙古自治区享受税收优惠的企业户数和减免金额逐年增加。2010年至2018年累计减免企业所得税户数约3100个，2018年减免企业所得税金额约372亿元，约占当年整个减免金额的96.6%。由此可见，企业所得税的优惠在西部大开发税收优惠政策中占主导地位。

（2）民族地区税收优惠政策

我国一直重视对除汉族以外其他民族地区的发展，陆续出台了扶持民族地区经济发展的多项税收优惠政策。主要经历了三个阶段，西部大开发政策出台以前的民族地区税收优惠政策和西部大开发政策颁布之后的民族地区税收优惠政策，以及我国新税法颁布以后针对民族地区提出的税收优惠政策。第一阶段也就是西部大开发前的相关税收政策已经全部停用。第二阶段的税收优惠政策是结合西部大开发税收优惠政策制定的部分税收优惠政策。第三阶段即2008年《企业所得税法》颁布以后，之前民族地区新办企业减免企业所得税三年的政策失效。内蒙古享受的民族地区税收优惠政策主要包括增值税优惠政策和企业所得税优惠政策。

从民族地区优惠税收政策的具体执行情况来看，具体政策主要集中在企业所得税的优惠部分。2018年内蒙古自治区企业所得税累计减免企业户数比上一年增长5370户，总金额比2017年增长154亿元，企业所得税减免在内蒙古得到了较好的贯彻落实，这也是《民族区域自治法》赋予民族地区的唯一税权。

（3）振兴东北老工业基地税收优惠政策

《东北地区振兴规划》于2007年8月由国务院批复，规划涵盖了内蒙古自治区的呼伦贝尔市、赤峰市、通辽市、兴安盟和锡林郭勒盟地区。内蒙古东部地区的这五个盟市开始实行扩大增值税抵扣政策，同时享受企业消费的增值税抵扣优惠税收政策。

从振兴东北税收优惠政策落实情况看，从2008年开始纳入规划范围的内蒙古自治区东部五盟市，享受企业消费增值税抵扣优惠政策，五盟市企业减免数额逐年递增。总体看，农产品加工业在此次振兴东北税收优惠政策中得到了最大的扶持。2008年当年的农产品加工业抵退税总额达到326万元，占全区整体的39.87%。内蒙古实施振兴东北税收优惠政策在时间上略短，同时在具体政策执行范围上只面对东部地区的五个盟市，所以在总体的执行效果上不是特别显著。

（4）中央对内蒙古自治区的其他税收优惠政策

在其他的税收优惠政策中，包含矿产业转让优惠政策，扶持第三产业非公有制和农业产业化的税收优惠政策，扶持中小企业税收的优惠政策，扶持第二、第三产业下岗人员再就业税收优惠政策和促进内蒙古畜牧业从业人员收入的税收优惠政策等。

从其他税收减免落实情况看，2017年内蒙古自治区地税部门累计减免企业户数92万户，减免金额为92亿元，分别比上年增长11.8%和下降8.3%；2018年累计减免企业户数为312万户，减免金额为69亿元，分别比上年增长20%和下降13%。其中，企业所得税减免额在2014年有所下降，其主要原因：一是我国经济进入"新常态"，对能源、资源需求有所回落，内蒙古目前以能源、资源为主的产业结构，税收增收难度较大，企业所得税税额有所减少；二是内蒙古采取的直接减免税和优惠税率是当前对区内企业实行的两种企业所得税优惠方式，企业整体数量一定程度上也决定着减免税额的多少。

（二）内蒙古自治区区级税收优惠政策

内蒙古自治区在深入贯彻执行国家在民族地区的税收优惠政策的同时，为营造更好的实体经济发展环境，帮助解决自治区内企业发展过程中遇到的困难，支持大中小企业改革发展，自治区结合自身产业结构等特点积极推行多种减税优惠政策。这些税收优惠政策的主要特点是减税和降费，其中涉及的税费种类很多，受到优惠的企业众多。内蒙古逐年递进的减税降费政策措施普惠性很强，政策性减免覆盖了全区所有行业。

（1）扶持资源及相关行业转型升级税收优惠政策

内蒙古自治区立足自身资源优势，从改造提升传统产业入手，形成了以煤、电、化工为主导的循环经济产业链条，在这一过程中区税务部门出台了一系列针对资源及相关行业减税降费的政策。企业依托矿产资源优势，借助高新技术拓宽产业发展空间，在延伸产业链方面不断进行有益的探索和尝试。

2016年实施区内资源及相关行业减税优惠政策以来，区税务总局通过提供资源产业定制个性化服务，密切关注资源及相关企业生产经营情况，部分盟市成立专业团队定期走访，及时向企业提供各类涉税咨询服务，及时解决企业申报中遇到的问题，帮助企业避免税收优惠应享未享等情况。

2018年针对稀土新材料及应用企业，提出了符合条件的可享受减税优惠政策。落实高新技术企业税收优惠政策到资源型高新技术企业中，对自治区内新建且符合国家产业政策的稀土新材料及应用开发企业，如年产值超过2000万元的企业可以在取得首笔生产经营的收入所属纳税年度开始，从第一年至第五年企业免除企业所得税中的地方所得税分享部分。

（2）小型企业、微型企业、家庭作坊式企业税收优惠政策

当前内蒙古自治区小型企业、微型企业、家庭作坊式企业即小微企业已经成为第三产业发展的生力军、就业的主渠道、创新的重要源泉。《内蒙古自治区鼓励和支持非公有制经济加快发展若干规定》于2016年由内蒙古自治区政府发布。此项规定明确了针对小微企业的税收优惠政策。规定免除了多类小微企业政府性基金，对于小微企业的多种行政事业性收费也进行了免除。在没有免除的经营服务性收费中，按照标准，如果费用里有具体规定下限的，则全部按照下限来收取，禁止擅自提高收费或乱取名目收费。

2019年内蒙古自治区转发财政部、税务总局印发的《关于实施小微企业普惠性税收减免政策的通知》〔财税（2019）13号〕中，对小微企业实施普惠性减税降费政策，涉及城市维护建设税、教育费附加、地方教育附加和小型微利企业所得税等多项，共包含8个税种和两个附加，政策优惠期从2019年1月1日至2021年12月31日止，共3年。

这些税收优惠政策的颁布在进一步降低创业创新成本的同时，增强了小微企业发展动力。减税降费切实减轻了小微企业公司的负担，节省的资金为企业的技术研发和转制升级提供了有力的支撑，同时对就业也有很大的促进作用，推动了第三产业快速发展。

（3）扶持民族产业的税收优惠政策

以蒙古族为主的多民族人民使得内蒙古自治区具有独特的民族文化氛围，在丰富的自然资源基础上，内蒙古自治区的民族产业发展迅速。自治区税务部门针对性地扶持民族产业，实行丰富的减税降费措施，促进了内蒙古民族产业的发展。

到2018年年末，内蒙古自治区持续颁布了多项针对内蒙古蒙药、牛羊肉食品加工业、蒙古包以及以民族工艺为特色的民营企业以及蒙古族服饰等文化产业和非物质文化产业的减税政策。这些优惠政策可以帮助企业更加专注于提高民族工艺、产品质量和产量，同时增加了就业，提高了当地从事民族产业的从业者的收入，推动了我国脱贫攻坚目标的达成。2019年内蒙古实施的大规模、实质性减税降费政策效应逐渐显现，为全区发展民族特色产业注入了新的活力和动力。

（4）区内税收优惠政策落实效果

区内的税收优惠政策使得市场环境向好，促进了社会消费增长，进一步带动了全区经济的发展。2018年，内蒙古自治区民营经济营业收入较2017年增长了16%，营业利润较2017年增长7.4%，全区盈利企业户数增长了42.9%，展现出了良好的发展趋势。减税后，企业可用资金增长，可以把更多的资金投入到研发中，进一步带动相关产业发展。2018年，内蒙古自治区重点税源企业研发费用支出达12.09亿元，增幅比2017年提高10.2个百分点。

二、税收政策对民族地区经济增长影响的传导路径分析

从税收优惠政策看，作为国家宏观调控的工具，税收优惠政策的主

体思路是通过增减税改革我国的税制结构，进而优化地区产业结构，带动整体经济的发展。在传导路径推导中，我们从结构性减税的角度，以税收与经济增长的关系理论为依据，分析其对民族地区经济增长的影响。

（一）结构性减税与地区经济增长

结构性减税主要包括两个方面，也就是"结构性"和"减税"。此政策的"结构性"是指并不对所有税种实行减税，而是一方面适当降低一些主体税种和税收中的重要税种的税率，与此同时对部分税种的税率进行调高。这种结构性调整方案，在结构性减税的同时，也会实施结构性增税。"减税"在整体税收增量和税收总量上都要进行调整。国民收入分配中的政府收入降低，则各企业收入和居民的收入增加，总体的社会税负水平降低。所谓税收结构就是不同种类的税收在税收总量中所占的比重。结构性减税方案在2008年12月初召开的中央经济工作会议上被提出。结构性减税的核心内容固然是减税，但并不针对所有的税种实行，而是针对特定税种实行的税负削减。

在经济增长方面，学者把经济的增长归纳为一定时期一个国家或者某个地区总产出的增加。影响经济增长的要素有三个，分别是投资量（也就是资本投入量）、劳动量（也就是投入的劳动数量）和生产效率。在其他条件不变的情况下，这三方面的提高总体使经济总产值上升，实现经济增长。与此同时，生产技术水平和社会教育程度等因素也影响着经济增长。整体减税政策对经济增长的影响可以从四个角度进行分析，即资本的投入、劳动的投入、技术进步和教育投入。在此基础上，我们从结构性减税的层面讨论结构性减税与经济增长的传导机制。

（二）结构性减税对地区经济增长效应传导路径分析

我们从税收政策的角度分析其对经济增长的影响传导路径展开（如图6-1），进而得到结构性减税政策对于经济增长的传导过程（如图6-2）。税收政策的具体传导从对劳动投入、资本投入、技术进步和教育投入四个方面展开。

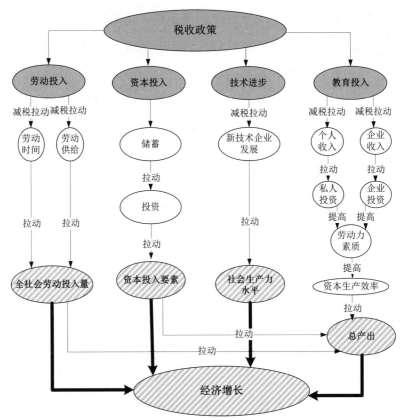

图6-1　基于税收政策对经济增长影响的传导路径

（1）对劳动投入要素的影响

从全社会的角度来看，有两个因素决定劳动要素的投入量，分别是劳动市场的供给和劳动市场的需求。决定劳动需求的因素主要有两个，一个是全社会的产品，另一个是劳务的产量。税收在生产过程中既不是需求的直接因素，也不是主要的因素。我们在假定社会劳动需求保持总体不变的情况下，分析税收对决定劳动要素投入量的另外一个要素，也就是劳动供给的影响。劳动者在劳动过程中所得到的工资和非工作时间的长度这两方面决定了劳动供给的效用。在大多数情况下，个人所得税是对劳动者征收税的主要内容，从替代效应上看，个人所得税的累进税率的替代效应大于个人所得税的收入效应。所以，当增加税收也就是增加个人所得税后，劳动者所取得的实际收入减少，对应到劳动者在劳动过程中为社会提供的劳动时间也在减少。而减少税收则使劳动者提供的劳动时间增加。在减税的情况下，劳动供给增加，全社会的劳动投入增加。在其他因素不变的前提下，增加劳动投入提升了社会总产出水平，实现经济增长。

（2）对资本投入要素的影响

减少对居民个人所得税的征收，必然会带来居民实际收入的增加；同理，减少对企业征收企业所得税，也会带来企业自身可支配收入的增加。在考虑全社会边际储蓄接近不变的情况下，居民的储蓄会上升，企业的储蓄也将呈现上升趋势。按照凯恩斯经济理论的假设，全社会相对的总储蓄值等于总投资值，总储蓄的增加就必然会带来总投资的增加。当前的社会总投资包括了资本的投资、劳动的投资和教育的投资等方面，在总投资增加的过程中，也一定会推动资本投入的增加，从而推动社会产出水平上升，推动经济的增长。

（3）对技术进步要素的影响

科学技术是最根本的生产力。新古典经济增长理论论证了提高人均经济增长率的关键是科学技术的进步。科学技术的提高会推动国民生产总值的提高，也会直接导致人均生产总值的提高，对经济增长起到巨大的推动作用。对高新产业进行结构性减税，必然会推动企业的良性发展，带动社会技术水平的提升，从而进一步优化整个社会的经济规模和经济结构，推动经济向前发展。

（4）对教育投入的影响

减免所得税提高了个人的可支配收入，也提升了企业的可支配所得收入。收入的增加带来储蓄的增加，而储蓄的增加也促进了投资的增加。从企业来说，这种增加会带来企业员工技术性教育的投入；从家庭的层面看，会增加家庭成员的教育投资。在这种情况下，社会的总体劳动素质都得到了提升，劳动生产效率也就是劳动边际产出率提升，也提高了整体资本的生产效率，最终增加了社会总产出。

根据上述分析，减税政策对经济增长产生影响主要有三种情形：第一种情形，减税政策通过各种关联因素影响资本、劳动等投入要素的数量，从而影响社会总产出；第二种情形，减税政策通过各种关联因素对劳动投入要素的边际产出和整个资本的变化的影响，进而对社会总产出产生影响；第三种情形，减税政策对生产技术水平的积极作用优化了社会的经济规模和经济结构，对社会总产出产生积极影响。

通过上面的论述分析，我们可以将结构性减税政策传导机制总结如下（如图6-2）。一系列的结构性减税政策优化了社会总体税制结构，使得社会专业化程度提升，社会劳动的分工更加合理。科学分工导致劳动者深耕所在工作领域，提升自身劳动素质，对专业领域的发展起到正向作用。另外，专业化程度的提升和分工的合理，还提高了产业技术水平，改善了社会的经济规模和社会经济结构，从两个方面推动经济的增长。

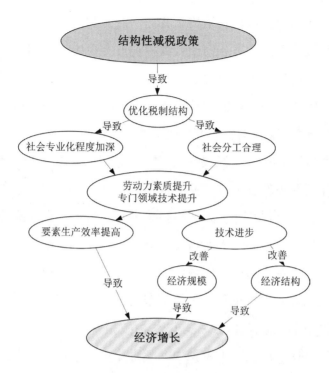

图6-2　结构性减税对经济增长的传导路径

三、内蒙古自治区结构性减税政策对经济增长影响的效应分析

前面，我们对结构性减税政策的作用原理进行了分析，本部分先进行了内蒙古自治区的主体税种的界定，随后在柯布–道格拉斯（Cobb-Douglas）生产函数模型的支撑下，实证分析内蒙古自治区不同税种的税收结构对自治区生产总值（GDP）的增长效应。

（一）模型解释

我们看到内蒙古自治区的减税政策多，种类相对复杂，尤其在2008年提出结构性减税政策以后。我们首先需要梳理当前内蒙古自治区的主体税种，进而确定整体税收结构。我们从商品和劳务税类、特定目的税类、所得税类、资源税类和财产行为税类五类税中，单列、分析每一类的主要改革。这里分析的主要税种包含两种，一种是在所占类别中征收数额占比较大的，同时在税收总额中也占比较大；另一种是自2009年开始的结构性减税政策中有具体调整改革的。

增值税和营业税属于流转税，总体贡献率大于40%。2009年开始的涉及增值税和营业税的改革政策使得这两个税种成为内蒙古结构性减税的主要部分。企业所得税和个人所得税是内蒙古自治区税收除流转税以外的第二大税种。考虑到个人所得税对居民收入的重要影响和特殊性质，以及企业所得税在自治区总体税收中的占比位列第三位，这两种所得税也是结构性减税的主体税种。近些年来土地使用费用上涨，房地产发展迅速，财产和行为税在内蒙古总体税种中呈现上升趋势，对区内税收越来越重要。在财产和行为税种中，契税比重贡献大，考虑到2009年、2014年和2017年内蒙古颁布的关于契税的优惠税收政策，也把契税作为结构性减税的主体税种。特定目的税种和资源类税种总体对内蒙古税收贡献小，且细分税种较多，文中没有把这两税种加到结构性减税的主体税种中。

因此，本部分的研究主要针对内蒙古自治区的五种税进行分析，包括流转税中的增值税和营业税、所得税中的个人所得税和企业所得税、财产和行为税中的契税。五种税占总税收的比例之和历年在70%—80%之间波动，基本可以代表内蒙古自治区的整体税收结构。

本部分研究在引入税收结构的基础上，参考不同生产函数模型回归方程，最终选定了拟合回归效果好的柯布-道格拉斯生产函数。

柯布-道格拉斯生产函数是由美国数学家柯布和经济学家保罗·道格拉斯联合提出的，是在经济学中广泛使用的一种生产函数，形式如下：

$$Y=AK^{\alpha}L^{\beta} \hspace{3cm} （公式6.1）$$

其中A表示全生产要素率；α为资本的产出弹性，0<α<1；β是劳动要素的产出弹性，0<β<1。

在柯布-道格拉斯生产函数基础上，引入税收结构得到：

$$Y = K^{\sum\limits_{i=1}^{k} \alpha_i x_i} L^{\sum\limits_{i=1}^{k} \beta_i x_i} e^{\sum\limits_{i=1}^{k} \omega_i x_i + \varepsilon} \qquad （公式6.2）$$

公式两边同时取对数，得到税收结构对总产出的影响度以及税收结构对各个生产要素产出效率影响度模型如下：

$$\ln(Y) = \left(\sum_{i=1}^{k} \alpha_i x_i\right) \ln K + \left(\sum_{i=1}^{k} \beta_i x_i\right) \ln L + \sum_{i=1}^{k} \omega_i x_i + \varepsilon \qquad （公式6.3）$$

公式中总产出表示为Y；资本要素投入为K；劳动力要素投入为L；第i种税的税收结构表示为X_i（i=1,2,3,…,k）；第i种税的税收结构对投入的资本要素边际产出的影响表示为参数α_i（i=1,2,3,…,k）；第i种税的税收结构对投入劳动力要素边际产出的影响表示为β_i（i=1,2,3,…,k），在此我们可以理解为不同税种所对应的税收结构对资本产出效率的影响，以及不同税种所对应的税收结构对劳动力产出效率的影响；参数ω_i（i=1,2,3,…,k）表示其他条件不变，也就是资本和劳动力要素投入不变，且剔除不同税种税收结构对资本、劳动力的边际产出的影响后，第i种税的税收结构对经济生产规模的影响，如果这种影响为正，那么就意味着剔除模型中其他因素的影响，这种税的税收结构增加对经济总产出的增长具有促进作用，也就意味着第i种税的税收结构上升，增强了资本和劳动扩大生产规模的作用，也就是这个时候的资本和劳动力要素的组合形式对经济规模的扩大，即社会总产出的增大有积极的促进影响，继而促进了经济的发展。而如果为负，就表明第i种税的税收结构增加对经济生产规模具有消极影响，减弱了资本和劳动力要素组合生产社会总产出的能力，不利于经济的发展。

所以，各个税种结构是通过三种方式影响GDP的，一种是资本要素K，另一种是劳动力要素L，最后一种是经济生产规模。经济生产规模就是指在其他条件不变的情况下，不同税种结构对GDP的影响。对应到回归结果中的系数就是不同税种结构（增值税所占比例VAT、营业税所占比例BT、企业所得税所占比例EIT、个人所得税所占比例IIT、契税所占比例CT）的回归系数。

在模型中影响劳动位置上引入增值税、营业税和企业所得税的税收结构，资本边际产出位置上引入增值税、营业税和企业所得税的税收结构，经济生产规模位置上引入增值税、营业税和企业所得税的税收结构，个人所得税的税收结构引入影响劳动边际产出位置上，同时也引入在影响经济规模的位置上。在契税方面，把其税收结构引入模型中影响资本边际产出位置上，同时也引入模型中影响经济生产规模的位置上。

所以模型的方程为：

$$\ln Y = (\alpha_1 VAT + \alpha_2 BT + \alpha_3 EIT + \alpha_4 CT) \ln K$$
$$+ (\beta_1 VAT + \beta_2 BT + \beta_3 EIT + \beta_4 IIT) \ln L$$
$$+ (\omega_1 VAT + \omega_2 BT + \omega_3 EIT + \omega_4 IIT + \omega_5 CT) + \omega \qquad （公式6.4）$$

根据具体税种的定义和特征，个人所得税必然会对L和经济生产规模产生影响，契税必然会对K和经济生产规模产生影响。所以，我们认为这两个税种结构对GDP的影响方式是确定的。但是，因为增值税、营业税和所得税这三个税种都通过三种方式（K、L和经济生产规模）对GDP产生影响，在分析结果中我们着重进行讨论。

（二）数据处理

"结构性减税的政策"于2008年12月由国家正式提出。同时2016年开始全面推开营改增试点。自2017年起内蒙古财政统计年鉴剔除各盟市营业税条目。基于此原因，我们决定选取2008年—2016年内蒙古自治区12个盟市的面板数据构建回归模型。分析中使用的数据主要来自《内蒙古统计年鉴》和《内蒙古财政年鉴》以及内蒙古自治区12盟市2009年至2019年的年度政府工作报告。为消除通货膨胀或通货紧缩对数据的影响，本部分研究以2008年的价格为基准进行平减处理。具体数据来源解释如下：

生产总值：12盟市历年Y（亿元）；固定资产投资：12盟市历年K（万元）；劳动力：12盟市历年L（万人）；增值税占税收收入总额比重：12盟市历年VAT（％）；营业税占税收收入总额比重：12盟市历年BT（％）；个人所得税占税收收入总额比重：12盟市历年IIT（％）；企业所得税占税收收入总额比重：12盟市历年EIT（％）；12盟市契税占税收收入总额比重：12盟市历年CT（％）。

（三）实证分析

本部分实证分析中使用的是内蒙古自治区12盟市的GDP、固定资本投资、劳动力及主要税收金额数据。从图6-3可以看出，自治区GDP从2008年至2013年增速较快，2013年至2018年稳步持续增长。从图6-4可以看出，固定资本投资从2008年至2013年稳步提升，2013至2018年略有波动，整体呈现减缓趋势。从图6-5可以看出，整体劳动力呈现稳步递增趋势。在劳动力方面，2017年—2018年增速显著。

内蒙古自治区整体呈现经济发展的同时，如图6-6所示，内蒙古自治区税收金额在2008年—2012年大幅度增长，从2012年起保持在一个相对较小的增速，在2015年—2017年税收总额出现了明显的下降。

在主要税种视角下，从图6-7中我们发现增值税比例呈现整体下降趋势，占比在2013年至2015年趋于平稳递减。营业税比例总体呈现递减趋势，占比在2012年至2016年趋于平稳。企业所得税在整个税制比例中波动较大，2008年至2011年比例逐步递增，2012年至2014年比例逐步递减，之后比例逐年递增。个人所得税从2014年至2018年比例稳步上升，契税也在2014年—2018年保持相对平稳上升。

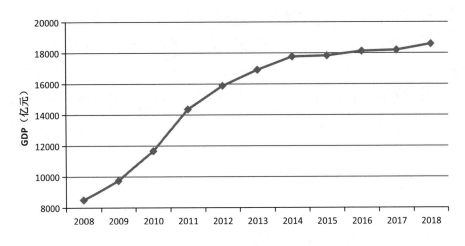

图6-3　2008年—2018年内蒙古自治区GDP数值

数据来源：内蒙古统计年鉴

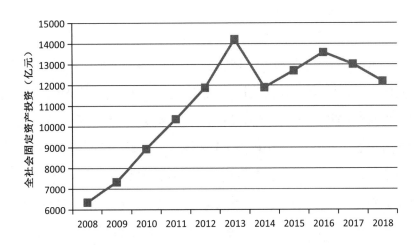

图6-4　2008年—2018年内蒙古自治区固定资本投资数值

数据来源：内蒙古统计年鉴

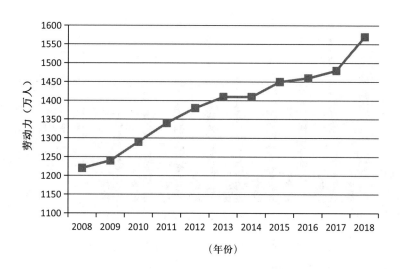

图6-5　2008年—2018年内蒙古劳动力数值

数据来源：内蒙古统计年鉴

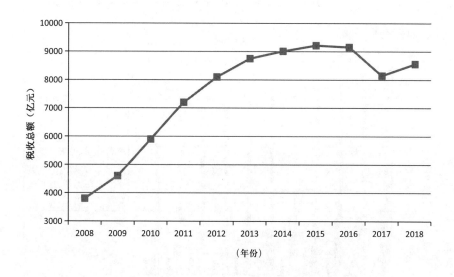

图6-6　2008年—2018年内蒙古自治区税收总额数值

数据来源：内蒙古统计年鉴

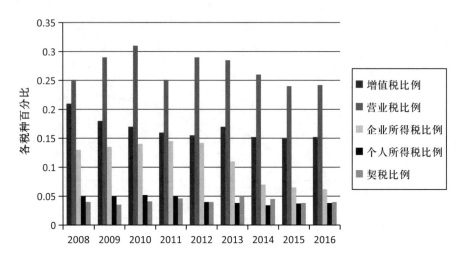

图6-7　2008年—2016年内蒙古自治区五种主要税收占比

数据来源：内蒙古财政年鉴

由于2016年开始全面推行税收营改增政策，如图6-8，我们将2008年至2018年内蒙古自治区的营业税比例和增值税比例叠加，其中2017年、2018年的营业税比例为0，在图中我们可以发现，营业税与增值税累计的比例也在呈逐年递减的趋势。

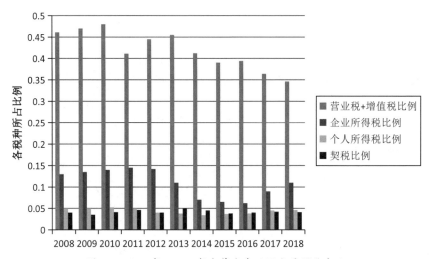

图6-8　2008年—2018年内蒙古自治区主要税收占比

数据来源：内蒙古财政年鉴

具体从内蒙古自治区12盟市的五税种来看，从图6-9可以看出，总体各盟市税收值依然是中部高于西部和东部。在增值税、企业所得税和营业税在全区和当地的占比方面，中部地区比西部和东部地区的占比大；在增值税、企业所得税和营业税的金额上，中部地区也明显超过西部和东部地区，同时东部高于西部。

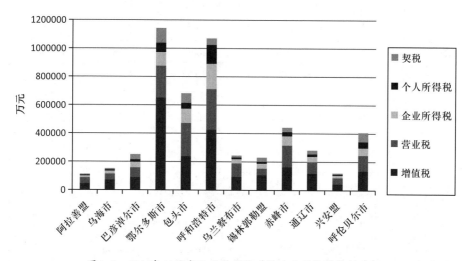

图6-9　2016年12盟市五税种数值（按从西到东区位排序）

数据来源：内蒙古财政年鉴

接下来我们通过构建回归模型，研究内蒙古的结构性减税和经济增长之间的定量关系。采用Stata进行分析。样本为内蒙古2008年至2016年12盟市的具体数据，相关描述性统计结果如表6-1所示：

表6-1　描述性统计

Variable		Mean	Std.Dev.	Min	Max	Observations
GDP	overall	1.420e+07	1.050e+07	2.693e+06	3.940e+07	N=108
	between		1.090e+07	3.210e+06	3.540e+07	n=12
	within		1.440e+06	8.600e+06	1.820e+07	T=9
K	overall	9.380e+06	6.999e+06	1.246e+06	2.630e+07	N=108
	between		6.971e+06	2.494e+06	2.250e+07	n=12
	within		1.992e+06	−45488	1.770e+07	T=9

续表

Variable		Mean	Std.Dev.	Min	Max	Observations
L	overall	119.7	69.80	14.10	362.7	N=108
	between		71.54	17.55	270.5	n=12
	within		11.47	96.11	212.0	T=9
VAT	overall	0.194	0.104	0.0728	0.417	N=108
	between		0.0261	0.169	0.239	n=12
	within		0.101	0.0677	0.391	T=9
BT	overall	0.246	0.100	0.0641	0.481	N=108
	between		0.0632	0.145	0.343	n=12
	within		0.0798	0.0971	0.426	T=9
EIT	overall	0.0936	0.0311	0.0302	0.183	N=108
	between		0.0133	0.0701	0.108	n=12
	within		0.0284	0.0219	0.173	T=9
IIT	overall	0.0380	0.0121	0.0169	0.0711	N=108
	between		0.00766	0.0275	0.0557	n=12
	within		0.00961	0.0228	0.0652	T=9
CT	overall	0.0450	0.0178	0.0121	0.0966	N=108
	between		0.0143	0.0295	0.0664	n=12
	within		0.0124	0.0247	0.0711	T=9

如表6-2进行单位根检验，所有变量一阶平稳；单位根检验中p值小于0.01，拒绝原假设。

表6-2 单位根检验

Variable	LLC	Harris–Tzavalis	Fisher
lnGDP	-10.9042^{***}	-0.0572^{***}	51.6247^{***}
	(0.0000)	(0.0000)	(0.0009)
lnKV	-4.4997^{***}	-0.3801^{***}	39.7461^{**}
	(0.0000)	(0.0000)	(0.0228)
lnKB	-8.1364^{***}	-0.4342^{***}	62.3539^{***}
	(0.0000)	(0.0000)	(0.0000)

Variable	LLC	Harris-Tzavalis	Fisher
lnKE	−1.2921*	0.0725***	49.9086***
	(0.0982)	(0.0000)	(0.0015)
lnKC	−11.1206***	−0.2818***	55.7625***
	(0.0000)	(0.0000)	(0.0002)
lnLV	−5.3213***	−0.2385***	37.6088**
	(0.0000)	(0.0000)	(0.0380)
lnLB	−7.8758***	−0.3843***	59.9994***
	(0.0000)	(0.0000)	(0.0001)
lnLI	−2.4838***	−0.2238***	49.0400***
	(0.0065)	(0.0000)	(0.0019)
lnLE	0.4876***	0.0776***	48.3765***
	(0.0000)	(0.0000)	(0.0023)
VAT	−5.2501***	−0.3702***	43.1492***
	(0.0000)	(0.0000)	(0.0096)
BT	−7.8945***	−0.4444***	63.7072***
	(0.0000)	(0.0000)	(0.0000)
EIT	−1.9208**	0.0564***	53.6643***
	(0.0274)	(0.0000)	(0.0005)
IIT	−2.2348**	−0.2633***	46.5152***
	(0.0127)	(0.0000)	(0.0038)
CT	−11.3686***	−0.2828***	54.1495***
	(0.0000)	(0.0000)	(0.0004)

t statistics in parentheses　$^*p < 0.1$, $^{**}p < 0.05$, $^{***}p < 0.01$

通过协整关系的检验可以了解本次分析中模型的各个变量之间的长期均衡稳定的关系，表6-3显示模型长期均衡，使用原始数据进行回归。

表6–3 协整检验

	Statistic	p–value
Dickey–Fuller t	−3.9085***	0.0000
Augmented Dickey–Fuller t	−3.0919***	0.0010
Unadjusted modified Dickey–Fuller	−3.0936***	0.0010
Unadjusted Dickey–Fuller t	−5.0483***	0.0000
t statistics in parentheses *$p< 0.1$, **$p< 0.05$, ***$p< 0.01$		

F检验和豪斯曼检验拒绝随机效应模型，使用固定效应模型进行检验，结果如表6–4所示。异方差和自相关检验结果如表6–5所示，拒绝原假设，存在异方差和自相关。

表6–4 F检验和豪斯曼检验

	F检验	豪斯曼检验
统计值	133.7000	79.1300
P值	0.0000	0.0000

表6–5 异方差和自相关检验

	异方差	chi2 (30)
tm11	133.7000 (0.0000)	9.2010 (0.0000)

表6–6 模型结果

被解释变量lnY		
	解释变量	系数
对经济生产规模的影响	增值税所占比例VAT	−2.4437*** (−6.0395)
	营业税所占比例BT	−36.3254*** (−3.3704)
	企业所得税所占比例EIT	4.4232 (1.1981)
	个人所得税所占比例IIT	22.1946*** (4.7654)

被解释变量lnY		
	解释变量	系数
对经济生产规模的影响	契税所占比例CT	7.6754 (0.9001)
对资本边际产出的影响	资本*增值税lnKV	−0.1611*** (−3.8752)
	资本*营业税lnKB	0.1361 (0.5545)
	资本*企业所得税lnKE	0.5423 (1.4938)
	资本*契税lnKC	−0.4894* (−0.9338)
对劳动力边际产出的影响	劳动力*增值税lnLV	0.1958 (1.2332)
	劳动力*营业税lnLB	2.2047** (1.7942)
	劳动力*企业所得税lnLE	−2.9243*** (−6.0015)
	劳动力*个人所得税lnLI	−3.4834** −(2.8844)
Observations		96
R-squared		0.9610
t statistics in parentheses *$p<0.1$, **$p<0.05$, ***$p<0.01$		

如表6-6所示，税种和税收结构的改变，分别通过影响资本的边际产出、劳动力的边际产出和经济生产规模来影响经济的总产出水平。结合模型运算结果，我们从不同税种的角度进一步分析结构性减税政策对内蒙古自治区经济增长的影响。

（1）增值税

从结果可以看出，增值税的变化主要影响经济生产规模，同时也影响着资本边际产出。在对经济生产规模的影响方面，增值税占比对经济生产规模有负向影响，对资本边际产出有负向影响。这表明增值税税收占比的降低有助于经济规模的扩大，提高产出水平，同时增值税的税收减少有助于资本的边际产出上升，也会促进产出的增长。减税为主的增值税转型改革政策对内蒙古自治区经济产出的增长起到了促进作用，减少增值税税收所取得的经济增长效果是显著的。

（2）营业税

营业税的影响主要体现在对经济生产规模和劳动力边际成本的影响上。在对经济生产规模的影响方面，营业税多占比例对经济生产规模有负向影响，这表明营业税税收比例的降低有助于经济规模的扩大，提高产出水平。营业税逐年比重的减少也带来一定弊端，营业税税收的减少对国家的经济发展不一定起促进作用。同时，应注意营业税的减税规模，因为其对劳动力产出边际有正向影响，这就意味着大幅度减少营业税会使劳动力的边际产出水平受到一定的损害。

（3）所得税

从企业所得税来看，主要体现为对劳动力边际产出的负向影响，企业所得税的增加会损害劳动力的边际产出水平。从个人所得税来看，个人所得税的影响主要体现为对经济生产规模的影响，个人所得税税收结构对经济生产规模正向影响，说明个税比重的上升可以很好地促进地方经济的发展。同时我们也发现，个人所得税的增长对劳动力产出边际产生负向影响，这就意味着在提高个税比重的同时，要权衡个税与劳动力要素的关系，进一步优化现有的所得税税收结构。

（4）契税

契税的主要内容涉及财产和行为税，契税的税收比例的增加有助于地方经济的增长。契税对资本边际产出有负向影响，因而也要注意控制契税增加的幅度，减少损害资本的产出弹性。

总的来说，在其他条件不变的情况下，企业所得税税收占比增加，促进经济规模的扩大；个人所得税税收占比增加，促进经济规模的扩大；契税占比的增加，也促进经济规模的扩大；增值税和营业税比重的下降，对经济的促进作用极大。降低增值税和营业税比重，保持企业所得税、个人所得税和契税的比重，对未来内蒙古自治区的经济发展具有积极的影响。

四、总结和政策建议

本章以内蒙古自治区为例，研究民族地区税收政策对经济增长的影响机制和效应。根据数据统计可知，随着内蒙古经济的发展，税收收入也逐年递增。总体来看，各税种比例逐年改变，最显著的就是占比最大的增值税和营业税比例逐年呈递减趋势，个人所得税、企业所得税、契税三种税的占比近年稳步提升。结构性减税政策自2008年正式提出以来，政府的税收收入虽没有大幅度提升，但对内蒙古的产业结构优化和整体经济发展产生了积极的影响。

（一）研究小结

本章主要的研究成果和结论如下：

（1）建模研究结果

构建了"税收政策对民族地区经济增长影响的传导路径模型"，模型为"基于结构性减税政策对地区经济发展的传导路径模型"。本模型从各税种在总税收中的比例，分析其如何影响生产要素，最终传导到地区经济的发展，又从税收政策对不同税种的影响，推进到税收额度的改变进而关联到地区经济增长的分析过程，更加本质地理解税收结构改变对经济增长的作用机理。

（2）回归分析结果

在内蒙古总税收近年总额趋于平稳的过程中，增值税、营业税、个人所得税、企业所得税和契税等税种在整体税收中的比例结构改变，影响了内蒙古自治区的整体经济发展。这也印证了从2008年提出结构性减税税收政策以来，国家对民族地区的西部大开发税收优惠政策、民族地区税收优惠政策、振兴东北老工业基地税收优惠政策起到了扶持内蒙古经济发展的积极作用。内蒙古自治区的扶持资源及相关行业转型升级税收优惠政策、小微企业税收优惠政策、扶持民族产业税收优惠政策等也帮助了区内行业、产业的协调稳定发展。

近些年，营业税和增值税这两项主要税种在税收占比中逐年递减，对内蒙古自治区GDP的增长产生了显著的正向作用。2016年全面实施营改增政策后，营业税科目在统计年鉴中剔除，营业税和增值税总体的占比逐年减少。增值税减税有助于资本的边际产出的增加，也会促进经济产出的增长。营业税对劳动力产出边际的正向影响，意味着大幅度地减少营业税会使劳动力的边际产出水平受到一定的损害。

个人所得税和企业所得税在总税额中的比例增加对经济增长有着积极的正向影响，契税比例的增加也对经济增长有积极的正向影响，这与我国制订的税制改革思路相符合。个人所得税的增长与劳动力产出边际负向影响，这就意味着在提高个税比重的同时，要权衡个税与劳动力要素的关系，以进一步对现有的所得税税收结构进行优化。

（二）政策建议

根据上述研究结果，我们提出如下进一步优化税收政策的建议。

（1）进一步优化税制结构，调整增值税税率

从内蒙古自治区全区角度看，增值税对经济增长有正向作用。进一步提高增值税专项占比，我们要树立增值税立法的目标，一步步推进增值税税率结构的改革。可以考虑在具体的政策制定过程中，观察各相关行业在税率下调前后的税负变化情况，进而决定继续下调基本税率，进一步下调基本税率及低税率，同时考虑降低小规模纳税人的征收率。待增值税立法时再将基本税率和低税率进行有效的整合，克服缓解在改革过程中产生的问题，消除改革过程中出现的阻力，进一步平稳推动增值税改革。

（2）处理好结构性减税中的"增"与"减"

研究表明，在税制结构上，营业税、增值税的减税对内蒙古自治区经济增长起到了良好的促进作用；同时，企业所得税、个人所得税和契税的比例与内蒙古经济增长有正向影响，因而要实行有效的增税措施。在整个结构性减税政策中，增加税收的部分不单可以深化财税制度改革，也有利于完善当前的结构性减税政策。从各盟市税收额来看，中部地区远高于西部和东部地区，这也和各地经济发展水平是一致的。在考虑税收比例增加和减少的同时，也要权衡全区经济的协同发展。

（3）继续深化所得税改革

研究结果表明，企业所得税、个人所得税税收比重上升对内蒙古经济的发展起到正向作用，这也证明了我国实行的降低流转税比重的同时进一步增加所得税比重税制改革政策的正确性。内蒙古要在国家所得税改革的政策倡导下，积极针对民族地区的产业结构，尤其是除汉族以外

其他民族的扶持产业进行调研，密切关注人民生活质量，尤其是除汉族以外其他民族人民的工作收入水平，积极稳妥地推进税制改革，使税制结构从间接税向直接税转变。

第七章 金融政策对内蒙古自治区经济增长的影响机制分析

一、内蒙古自治区金融政策概述

自2001年起，在西部大开发的背景下，内蒙古自治区在金融政策方面也获得了优惠支持。一方面，相关银行对在《少数民族特需用品》目录中的民族特需品生产商的流动资金贷款采取低于普通贷款的利率（比正常贷款低2.88%）；另一方面，对这些企业的固定投资贷款也给予相应优惠，扣减部分由中央和省级财政承担。2013年，"发展普惠金融，鼓励金融创新，丰富金融市场层次和产品"政策被中央提出。普惠金融将原本隔离在金融体系外的中小企业主和农民等弱势群体加入金融市场，向更远更贫困的地区开放金融市场。2016年，国家"十三五"规划提出要"创立绿色金融体系，发展绿色信贷、绿色债券、创立绿色发展基金"。2017年，内蒙古自治区提出要大力发展绿色金融产品，包括信贷、债券、产业基金，以及要积极发展绿色保险、建立绿色融资担保体系等。

由于2013年之前的金融政策对当今的金融发展影响微弱，政策与时代不相适应，因此，本文主要讨论2013年以后的金融政策的落实情况。在调查内蒙古普惠金融的发展现状时，我们根据前人构建的普惠金融指标体系，从普惠金融的渗透性和效用性两个方面，选取了以下的数据指标进行分析，如表7-1所示。

表7-1 普惠金融的测量指标

指标维度	描述与度量
普惠金融的渗透性	拥有的银行机构网点数/万平方千米
	拥有的银行机构网点数/万人
	拥有的银行机构从业人员数/万平方千米
	拥有的银行机构从业人员数/万人
	保险密度
	保险深度=保费收入/当地GDP
普惠金融的效用性	人均存贷款余额
	存贷款余额占GDP的比重
	城镇基本养老保险参保人数/万人
	城镇基本医疗保险参保人数/万人

（一）普惠金融的渗透性分析

如图7-1所示，在2008年—2018年期间，内蒙古自治区的银行机构数量及银行机构的从业人员数量都呈现出上升的趋势，银行网点数从2008年的4351个上升到2018年的5876个，从业人员也从2008年的66106人上升到2018年的近10万人。这一时期，内蒙古自治区的银行业发展迅速，银行网点数增速明显，银行从业人员也增长了3万余人，并且银行网点数与银行从业人员数相匹配，说明这段时期银行业的数量增长并未降低银行业所提供的服务，银行仍然能够提供相应的金融服务。由于普惠金融主要针对的是小微企业、农民等弱势群体，而这些弱势群体的资金主要来自中小金融机构，因此，文中所选取的银行业的数据主要包括股份制商业银行、城市商业银行、农村合作金融机构的机构数量和从业人员数量，并以此来衡量2008年—2018年内蒙古的金融发展状况。

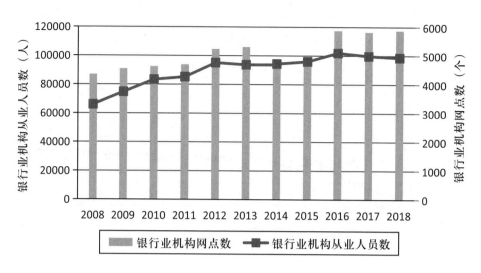

图7-1 2008年—2018年内蒙古自治区银行网点数及银行机构从业人员数（人）

数据来源：内蒙古自治区统计局、中国人民银行官网

从图7-2和图7-3可知，2008年—2018年内蒙古股份制商业银行、城市商业银行、农村合作金融机构的网点数量均呈现出上升的趋势，所对

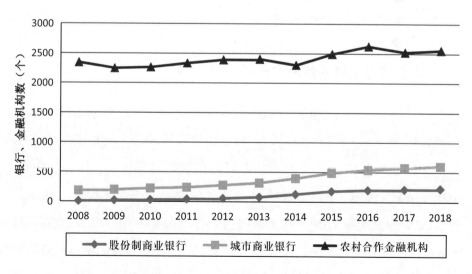

图7-2 2008年—2018年内蒙古自治区部分银行网点数（个）

数据来源：中国人民银行官网

应的从业人员的数量也在随着网点的增加而增长。这说明普惠金融促进了当地金融行业的发展，当地的普惠金融在不断走进大众的生活。中小金融机构从业人员数量的增长有利于为当地居民、企业提供更好的金融服务。

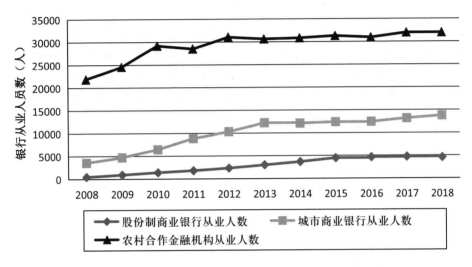

图7-3 2008年—2018年内蒙古自治区部分银行从业人员数（人）

数据来源：中国人民银行官网

（二）普惠金融的效用性分析

如图7-4所示，内蒙古自治区的人均存款余额从2008年的2.6万元/人增长到2018年的9.2万元/人，人均贷款余额从2008年的1.85万元/人增长到2018年的8.71万元/人。人均存贷款余额在逐年增长，而存款余额/GDP与贷款余额/GDP则可以描述存贷款在内蒙古的普惠程度。存款余额/GDP与贷款余额/GDP都在不断提高，存款余额/GDP的值从2008年的0.75到达了2018年的1.36，增长了近1倍。贷款余额/GDP的值从0.53达到了1.28。从数据上来看，贷款的增速明显快于存款增速，这说明普惠金融实施后，刺激了全区的贷款额度。从这些数据中也可以看出内蒙古自

治区金融的普惠程度在不断加强，普惠金融的出现促进了当地的存贷行
为的发生。

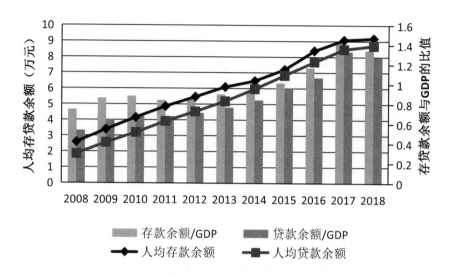

图7-4 2008年—2018年内蒙古自治区人均存贷余额与存贷余额与GDP的比重

数据来源：内蒙古自治区统计年鉴

一般而言，一个地区的保险业发展水平可以通过保险密度与保险深
度来衡量，从图7-5可知，内蒙古的保险密度水平在稳步上升，保险深度
也呈现出上升的趋势。在2013年普惠金融落地后，当地的保险密度与保
险深度呈直线上升，这说明普惠金融的落地促使当地保险费收入在GDP中
的比重不断上涨，唤醒了大众对保险的认识，当地人均保险投入提高，
居民、企业对保险的认识程度加深，更多的人学会通过保险规避风险，
降低当风险、事故发生时的自身损失。如图7-6所示，2008年—2018年期
间，内蒙古自治区养老保险、医疗保险密度都在上升。2016年后城镇医
疗保险的密度飞跃式上涨，这说明普惠金融实施3年后保险行业开始呈现
快速增长。

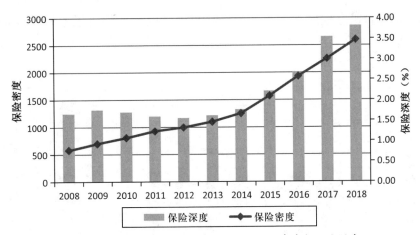

图7-5　2008年—2018年内蒙古自治区保险密度与保险深度

数据来源：内蒙古自治区统计年鉴

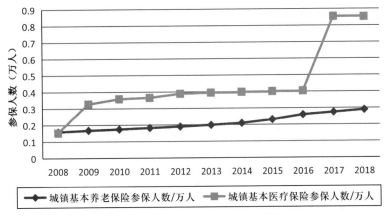

图7-6　2008年—2018年内蒙古自治区城镇养老保险、医疗保险密度

数据来源：内蒙古自治区统计年鉴

从上述分析可知，无论从普惠金融的渗透性还是效用性来看，普惠金融都促进了当地的银行、保险业的发展。

（三）绿色金融的实施

目前，内蒙古自治区的绿色金融政策体现在多个方面，对经济发展有推动作用。

第一，内蒙古自治区实现了绿色农牧业产业化。内蒙古自治区土地面积广阔，农畜产品种类齐全，在农牧业发展中有其优势。当前绿色金融大力促进农牧业生产深加工，助力内蒙古自治区打造农畜产品生产加工基地。

第二，绿色金融促进内蒙古自治区清洁能源的发展。内蒙古自治区有着丰厚的自然资源，为再生能源的发展提供了得天独厚的条件。

第三，内蒙古自治区旅游资源丰富，并且旅游产业的资源消耗低、利润高。绿色金融通过扶持旅游来帮助内蒙古自治区转变经济发展模式。内蒙古自治区的三大产业中，第一产业近年来一直保持均衡，但第三产业比重不断上涨，尤其在2016年后，第三产业飞速发展，这与绿色金融的发展密不可分。绿色金融促进了内蒙古自治区旅游业的发展，带动了当地第三产业的发展。

第四，内蒙古自治区多年的发展导致了废水、废气、废物的产生。当前，越来越多投资者看中了"三废处理"这一领域，不少投资者将自己的投资从原来的单一投资转化到现在的包括环保产业在内的多元化投资。绿色金融一方面促进投资者将资本投入绿色环保产业，另一方面也通过降低投资者在其他高耗能产业的投资，提高了内蒙古自治区整体的绿色化水平，促进了当地产业结构的升级。

二、金融政策对民族地区经济增长影响的传导路径分析

推行金融政策的目的就是促进经济发展。一般而言，金融政策会落实在金融机构身上，通过金融机构来对企业生产和居民生活产生影响。企业通过提高竞争力和优化产业结构对投资和净出口产生影响；居民受利率水平影响改变自己的投资行为，而存贷款率、汇率会影响居民的消费行为。金融政策对地区经济增长影响的具体路径如图7-7所示。

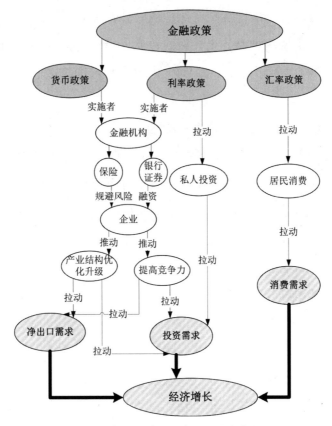

图7-7　金融政策对经济增长的传导路径

由图7-7可知，金融政策主要通过企业提高竞争力与升级产业结构，促使居民消费、投资几个方面实现。我们在这里就通过这几个方面来分析金融政策对经济发展的具体影响。

（一）金融政策对企业竞争力的影响

金融政策提高企业竞争力体现在提高获利能力和降低运营成本两个方面。我国的金融政策主要包含货币政策、汇率政策及利率政策。

（1）利率政策提高企业利润率

金融行业的发展与整个地区的经济发展有着密不可分的关系，金融行业发展好则能够帮助地区内的资金合理运转、分配，有利于当地的经济发展。而金融行业的发展也受限于金融政策。因此，利率政策作为金融政策中重要的组成部分，对地区经济发展有着重要的影响。通常来看，利率的高低影响着实体经济利润率的高低。从当前情况来看，2015年以前，利率政策由国家制定，实行统一的官方利率。2015年以后，实际利率已由市场经济主体决定。实体经济对资金的需求十分旺盛，因此实体经济的利润率与利率有着密不可分的关系。一般说来，实体经济的利润率越高，其资金的安全性就越高，越能推动当地金融业的发展。资金的利率越低，实体经济的经营者便更愿意申请更多的贷款，他们的贷款需求也就更加旺盛，从而增加实体经济的利润率。而实体经济经营者为了提高自己的利润率会加大贷款数额，以保证自身有充裕的资金，这将盘活资金、提高资金的运作效率与企业的利润率，提高企业的竞争力，进而推动当地金融行业与实体经济的发展。2015年开始实行的市场经济主导的利率政策不仅有利于提高资金的运作效率，推动金融业的发展，更是实现了实体经济的利润率的提高，间接推动了当地经济的有序发展。

（2）货币政策对企业融资成本的影响

一般说来，国家会根据不同时期的经济状况采取不同的货币政策，以达到刺激经济发展的目的。货币政策会通过影响货币的供应量及贷款利率来对市场经济进行影响。例如，央行要求提高存款准备金会影响市场的借贷成本；国家想要实行宽松的货币政策时下调存款贷款利率，此时，资金的运用成本降低；同时，除银行外的资金来源的获得成本也会因为货币政策而降低成本。企业的融资渠道拓宽、资金的使用成本降低，可以使企业的获利空间加大。企业为获得更高利润会增加贷款量，从而提高资金的使用效率，最终提高企业的竞争力。

国家实行紧缩的货币政策，导致企业资本融资成本增加。此时，企业的利润因为融资成本的上升而受到压缩，企业为保证利润率会选择降低贷款量。因此，不同的货币政策对企业的作用不同，对企业产生的效果不同。

我国在2013年提出了普惠金融政策，目的是民众能够有更宽广的渠道获得贷款，也盘活部分国内闲散资金，提高资金的利用效率。根据图7-8可知，2008年到2018年，内蒙古自治区的存贷款总额稳步上涨，但在2008年—2013年存贷款的差额较大，存款量大于贷款量。而2013年普惠金融提出后，从2014年起存贷款的差额开始缩小，到2017年贷款额超过存款额，这说明2013年提出的普惠金融提升了内蒙古自治区企业的贷款意愿。2017年贷款量超过存款量，这说明普惠金融在经过几年的发展后，范围越来越广，对经济的影响也越来越大。低利率的普惠金融可以刺激企业进行贷款。企业贷款融资成本降低，扩大了企业的利润空间，促使企业获得长足发展。

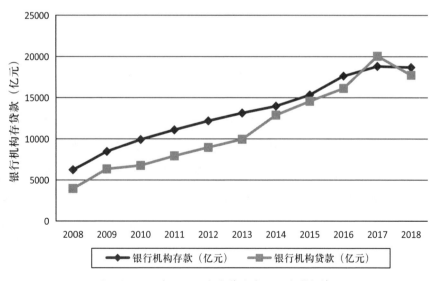

图7-8 2008年—2018年内蒙古自治区存贷款情况

数据来源：内蒙古自治区统计年鉴

（3）汇率政策对企业的影响

汇率受多方面因素的影响，例如一个国家的经济增长率、收支水平、通货膨胀率、汇率政策变动等。如图7-9，在1999年至2018年近20年间，我国汇率呈现出上升趋势。在2008年以前每百美元兑换人民币高于700元人民币，而在2008年后每百美元兑换人民币在600至700元之间波动。因此，这里只考虑人民币升值对我国民族地区经济的影响。

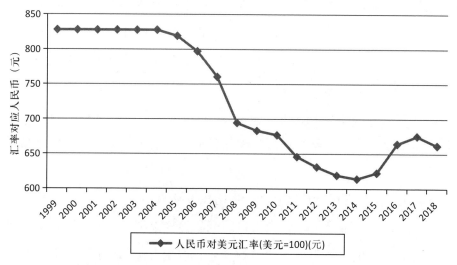

图7-9　1999年—2018年人民币对美元汇率（美元=100元）

数据来源：国家统计局

人民币升值对民族地区企业的发展产生的消极影响：

第一，部分企业的利润降低。部分企业在购买原材料时，会因为运费和时效等问题选择国内的原材料，并且使用人民币支付，这相较于使用美元等升值没有人民币高的外币支付时成本更高。出口企业在出口时收到的货款一般为美元，而人民币升值后收到的相同的美元数量相较于升值前更少了。企业在生产相同的产品时，承担了更多的生产成本，获得了更低的收益，这使得出口企业的利润降低。当企业一直面临低利润甚至是亏本时，可能会暂停对外出口。

第二，企业破产倒闭。人民币升值势必会带来出口产品的价格上涨，而对于理性的，且对价格敏感的外国消费者而言可能会选择替代产品，不再选择我国的出口产品，这就导致我国以出口贸易为主的企业出口量减少，产量减少，特别是高耗能、低附加值的产品受到巨大冲击。这些产品的可替代性强，不利于抢占国外市场。

第三，减少了企业的融资渠道。企业的发展需要资金的支持，而企业经营者个人资金不足时，需要贷款、招商引资等。人民币升值后，国外的投资商可能减少甚至不在我国进行投资。原因在于，人民币升值后相对外币贬值，相同的投资量外国投资者在中国的投资相较于人民币升值前增加了，这可能会导致我国企业获得的投资量低于汇率变动前，而国外投资者可能会因为增长的投资额放弃对我国企业进行投资，转向他国企业投资，这就导致部分国外投资者的流失，减少了我国的融资渠道。

人民币升值对民族地区企业产生的积极影响：

第一，人民币升值，我国出口的产品价格上涨。那些依靠能源、劳动力的低附加值、缺乏技术含量的产业，由于自身的可替代性强会最先受到冲击，因为价格低是这类产业出口的最大优势。国内企业的订单量减少，自身的利润会降低甚至会出现产品积压等情况。部分企业为了保证自身利润会加大对高新技术产业的投资，将原本的低附加值产业转换为高附加值、高技术含量的产业，从而实现了企业的产品结构优化，促进了产业的优化升级。

第二，改善国际环境。多年来，我国一直向国外出口低附加值、高能耗的产品，人民币升值会导致这类产品的出口减少，降低我国进出口总量。这会降低国外对我国反倾销的呼声，为未来我国企业出口营造一个良好的国际氛围。

第三，部分企业竞争力增强。人民币升值后，需要进口国外原材料的企业生产成本会随着人民币的升值而降低。企业的生产成本降低会增加企业的利润，导致大量资金流入该类企业，从而降低此类企业由于外资减少而带来的不利影响。此类企业的资本增加可以增强其竞争力。

（二）金融政策对产业结构的影响

如前文所分析，金融的三大政策会给企业带来正向或负向的影响。当企业偏向亏损时会选择停产、转产或是通过技术升级、提高产品质量与效率等继续生产。而大量的企业进行技术升级、提高产品质量与效率就会促进该行业的产业结构优化。当行业优化升级后会导致该行业的利润增长，企业因此会进行再投资，提高资金运作效率，从而促进了经济发展。而产业结构升级后，产品的质量获得提高，可能会促使部分在产业结构升级前不能出口的产品达到了出口标准，增加了当地的净出口，从而促进了当地经济的发展。

（三）金融政策对居民消费、投资的影响

金融政策主要通过汇率与利率对居民的消费、投资产生影响。

（1）存贷款的利率对居民消费与投资的影响

居民手中的储蓄无法直接转化为生产性资本，只能通过金融市场聚集在一起并且将这些闲散资金再整合流出，例如以贷款等形式。而不同的存贷款利率对居民闲散资金的吸引程度不同。居民会趋向在存款利率高时将资金存入银行，在存款利率低时将资金用于消费。因此，政府想要刺激消费时会将存款利率降低，让消费者主动进行消费。

（2）汇率对居民消费与投资的影响

汇率对居民消费的影响。

人民币升值后，居民由于可以用低价购买到外国产品，增加对外国产品的需求，从而增加居民在消费时的可选性。当人民币升值后，人民币的购买力会跟着升值，居民消费能力会增强，同时社会福利增加。但人民币升值并非全都是好处，还可能会导致部分居民面临失业的风险。当人民币升值时，会降低国外对我国出口产品的需求，企业为了降低成本可能会裁员，导致部分居民失业。这部分失业的居民会抑制自身的消费，从而降低当地的消费数量。

汇率对居民投资的影响。

人民币升值会导致人民币对国外产品购买力的增长，部分投资者会转向国外投资，减少对本国的投资。投资资金的减少可能会抑制经济发展。

三、金融政策对产业结构影响的实证研究

金融政策由金融机构来执行。目前我国的金融机构包括银行、保险公司及证券公司。银行主要通过筹集和分配资金来调整社会经济状况。证券业是为资金投资而设立的行业。保险业则是规避风险的一大手段。银行及证券公司可以为企业提供资金，保险业则可以为企业降低风险。因此，企业在生产时与这些机构密不可分。接下来，我们对内蒙古自治区的金融政策与产业结构升级之间的关系进行实证分析。

（一）模型解释

首先检验面板数据的平稳性，以证实数据不存在单位根，数据

水平平稳。面板数据单位根检验方法共有5种，分别是LLC、PS、Breintung、ADF Fisher和PP Fisher。如果检验结果均小于5%的置信水平，便认为数据拒绝了序列存在单位根的原假设，并且数据具有平稳性。反之，若检验结果大于5%的置信水平则认为数据存在单位根。本章通过Eviews7软件对面板数据利用相同根检验以及不同根检验的检验方法进行检验，包括LLC检验法、ADF检验法及PP检验法。检验结果如下表7–2。

表7–2　平稳性检验检验结果

变量	检验结果			平稳性
	LLC	ADF	PP	
LNISR	0	0.8308	0.7669	非平稳
DLNISR	0	0.0010	0	平稳
LNFIR	0.0124	0.5650	0.4815	非平稳
DLNFIR	0	0.0100	0.0185	平稳
LNFE	0.1329	0.7828	0.4685	非平稳
DLNFE	0	0.0193	0	平稳
LNIIR	0	0	0	平稳
DLNIIR	0	0	0	平稳
LNIE	0	0	0	平稳
DLNIE	0	0	0	平稳

从表7–2可以看出，数据均是平稳数据。

接着，我们对模型形式进行检验。面板模型根据截面、时期、变量三个方向的不同，应该选用不同的模型。模型分为变截距模型、变系数模型和混合模型三种。为了避免模型设定失误导致估计结果与将要模拟的经济现实出现偏差，首先进行模型检验以确定选择的模型类型。

假设1：不同横截面的样本点和时间中，存在斜率相等、截距不等的状况。我们将拥有这种特征的模型称为变截距模型：

$$H_1: ISR_{it}=\alpha+\alpha_i+\beta_1 FE_{it}+\beta_2 FIR_{it}+\beta_3 IE_{it}+\beta_4 IIR_{it}+u_{it} \quad （公式7.1）$$

假设2：在不同的横截面的样本点和时间中，它们的斜率和截距都相同。我们将拥有这种特征的模型称为混合模型：

$$H_2: ISR_{it}=\alpha+\beta_1 FE_{it}+\beta_2 FIR_{it}+\beta_3 IE_{it}+\beta_4 IIR_{it}+u_{it} \quad （公式7.2）$$

当统计结果接受假设1时，则选用混合模型，未接受假设2时检验是否通过假设1，若不通过假设2通过假设1则选用变截距模型。若假设1、假设2均被拒绝时则选用变系数模型，该模型的表达式为：

$$ISR_{it}=\alpha+\alpha_i+\beta_{1s} FE_{it}+\beta_{2i} FIR_{it}+\beta_{3i} FE_{it}+\beta_{4i} FIR_{it}+u_{it} \quad （公式7.3）$$

检验假设2的F统计量为：

$$F_2=\frac{(S_3-S_1)/\big((N-1)(k+1)\big)}{S_1/\big((NT-N(k+1)\big)} \sim F\big((N-1)(k+1),NT-N(T-k-1)\big) \quad （公式7.5）$$

检验假设1的F统计量为：

$$F_1=\frac{(S_3-S_1)/\big((N-1)k\big)}{S_1/\big((NT-N(k+1)\big)} \sim F\big((N-1)k,NT-N(k+1)\big) \quad （公式7.5）$$

其中：α_i为截距项。β_1、β_2、β_3、β_4为回归系数。S_1、S_2和S_3分别为变系数模型、变截距模型和混合模型中估计的残差平方和。N为截面个数，T为时期数，K为解释变量个数。

下面进行模型效应判定。模型效应分为随机效应和固定效应，二者对误差项与解释变量之间的相关关系理解不同，固定效应模型认为是相关的，而随机效应模型认为是不相关的。此处为获得误差项与解释变量与误差项之间的关系，利用Hausman统计量来检验模型效应。

最后，进行模型选择。根据公式7.5可计算得到F_1，根据公式7.4可计算得到F_2，可以通过Eviews7计算出F_1和F_2在5%显著性水平下的临界值，具体数值如下表7-3所示。

表7-3　检验结果

检验结果		
检验值	统计量值（0.05）	临界值（0.05）
F_1	3.337352396	1.51828407
F_2	21.86322257	1.48615395

从表7-3可知，$F_2 > 1.48615395$，$F_1 > 1.51828407$，因此不仅拒绝假设2也拒绝假设1，因而此处应当选择变系数模型。另外，在Hausman检验时得到Hausman=80.21对应的P值=0，这说明拒绝固定效应模型与随机效应模型不存在系统差异的原假设，因此建立固定效应模型。综合来看，本部分研究应当选用变系数固定效应模型，具体表达式为公式7.3：

$$ISR_{it} = \alpha + \alpha_i + \beta_{1i}FE_{it} + \beta_{2i}FIR_{it} + \beta_{3i}FE_{it} + \beta_{4i}FIR_{it} + u_{it} \qquad （公式7.3）$$

根据配第—克拉克定理，经济水平的不断提高，在产业结构中将表现为：社会中第一产业的产值将会不断降低，第二产业、第三产业生产总值将会不断上升，尤其是第三产业产值在总产值当中的比例会不断攀升。因此，我们拟通过产业结构优化率（ISR），即（第二产业产值+第三产业产值）/地区GDP的比重来作为描述内蒙古的产业结构优化升级的指标。

我们认为金融发展包含了多个方面的内容，具体可以体现在金融总量的增加及金融效率的提高。而金融行业主要包括了银行业、保险业及证券业。描述金融政策对产业结构升级的影响最终要通过这些行业实现。因此，我们在选取影响产业结构优化升级的金融指标时从以下两个具体的方面进行选取：

在金融总量方面，其他学者多使用M2/GDP进行描述。但由于金融市场的不断深化发展，保险行业及证券业在金融业中的作用也越来越重要，使用M2/GDP不再符合当今经济发展状况。因此，我们选取了金融相关率（FIR）（金融机构存款总数+金融机构贷款总数）/地区GDP、保险相关率（IIR）（地区原保费收入+地区保险累计赔付）/地区GDP来描述金融总量的关系。

金融效率就是资本投入对经济产出之间的关系。这个部分包含的内容较多，我们无法收集所有的数据，因而使用金融效率（FE），即全社会固定资产投资/金融机构存款总数，体现资产投入与居民产出之间的关系。保险效率（IE），即地区原保费收入/地区保险累计赔付。保险效率用于描述保证经济平稳运行。因此，保险效率越高，当地的经济发展水平风险越小。由于目前缺少内蒙古各个盟市证券行业的具体数据，因此不能将证券市场的发展作为一个变量纳入模型，其对产业结构的影响只能体现在本书所建立模型的常数项当中。具体如表7-4。

表7-4　金融政策对产业优化升级模型指标

模型指标	
产业结构优化率（ISR）	（第二产业产值＋第三产业产值）/地区GDP
金融相关率（FIR）	（金融机构存款总数＋金融机构贷款总数）/地区GDP
金融效率（FE）	全社会固定资产投资/金融机构存款总数
保险相关率（IIR）	（地区原保费收入＋地区保险累计赔付）/地区GDP
保险效率（IE）	地区原保费收入/地区保险累计赔付

（二）数据处理

我们选取2008年至2018年内蒙古自治区12个盟市的面板数据构建回归模型。使用数据主要来自《内蒙古自治区统计年鉴》和《内蒙古自治区财政年鉴》。具体数据来源解释如下：

GDP：内蒙古自治区12盟市历年GDP（万元）；第二产业产值：内蒙古12盟市历年产值（万元）；第三产业产值：内蒙古12盟市历年产值（万元）；金融机构存款总数：内蒙古12盟市历年存款总数（万元）；金融机构贷款总数：内蒙古12盟市历年贷款总数（万元）；全社会固定

资产投资：内蒙古12盟市历年全社会固定资产投资（万元）；地区原保费收入：内蒙古12盟市历年保费收入（万元）；地区保险累计赔付：内蒙古12盟市历年保险累计赔付（万元）。

为消除通货膨胀或通货紧缩对数据的影响，我们以2008年的价格为基准进行平减处理。由于原始数据可能存在异差，并且为了使得回归系数的经济意义更容易解释，我们对数据取对数。

（三）实证分析

我们分别建立了以金融相关率（FIR）、金融效率（FE）、保险相关率（IIR）、保险效率（IE）为自变量的变系数固定效应模型，具体结果如表7-5所示。

表7-5　实证结果

地区	C	FIR	FE	IIR	IE
内蒙古	−0.214453	−0.213558**	0.237232***	−0.015382	0.072452**
呼和浩特市	−0.09607	0.020826	−0.005834	−0.003941	0.005799
包头市	−0.055975	−0.000792	0.009307	−0.005461	0.004332
呼伦贝尔市	−0.207526	0.052473	0.045794*	0.012824	0.051816**
兴安盟	−0.56352	0.180784**	0.106829**	−0.011884	0.087049***
通辽市	−0.204005	−0.081723**	−0.065462	0.001228	0.063726*
赤峰市	−0.120132	−0.103153	0.014935	0.016165	0.03184
锡林郭勒盟	0.084675	−0.273162	0.039275	0.051542	0.042315
乌兰察布市	−0.252975	0.067269	0.038517	−0.009455	0.038039
鄂尔多斯市	−0.074891	0.052277	0.009305	−0.009998	−0.006001
巴彦淖尔市	−0.236223	0.161652	0.107545	0.008795	−0.013586
乌海市	−0.003591	−0.006658	0.000264	0.000921	0.001594
阿拉善盟	−0.020799	−0.026998	−0.010669	0.002157	0.002774

注：***、**、*分别表示在1%、5%、10%下显著

（1）内蒙古自治区总体效益

从实证结果可知，在内蒙古自治区全区，金融发展规模、金融发展效率、保险发展规模、保险发展效率均对产业结构优化有一定作用，并且有正向与负向两个方面的作用。

从整体来看，内蒙古自治区金融相关率每增加一个百分点，产业结构优化程度显著下降0.213558个百分点；金融效率每增加一个百分点，产业结构优化程度显著增加0.237232个百分点；保险相关率每增加一个百分点，产业结构优化程度显著下降0.015382个百分点；保险效率每增加一个百分点，产业结构优化程度显著增加0.072452个百分点。

从常数项看，证券市场对产业结构优化仅有负向作用。并且从显著性水平可知，在内蒙古，金融相关率、金融效率、保险效率对产业结构优化的影响显著。

（2）内蒙古自治区各盟市效益

金融相关率在内蒙古自治区12个盟市中存在不同的影响。包头市、通辽市、赤峰市、锡林郭勒盟、乌海市这5个地区金融相关率对产业结构升级或存在不利影响。其中，通辽市的负面影响显著。另外7个盟市金融相关率均有正向作用。其中，兴安盟的正向影响显著。

从金融效率这方面来看，呼和浩特、通辽市、阿拉善盟出现了负向影响。呼伦贝尔市和兴安盟的正向影响显著。

呼和浩特市、包头市、乌兰察布、鄂尔多斯市的保险相关率对产业结构优化升级有负向影响，其余8个盟市均有正向影响。

保险效率仅对鄂尔多斯市和巴彦淖尔市的产业结构优化升级存在不利影响，另外10个盟市则可以促进产业结构优化升级。其中，呼伦贝尔市、兴安盟和通辽市的保险效率是显著的正向作用。

从数据中还可以发现，仅有呼伦贝尔市和兴安盟的四个指标均对经济发展有正向作用，这说明银行业和保险业在内蒙古对经济发展的效应整体上略有不平衡。

全区12盟市的各系数绝对值最高不超过0.3，说明内蒙古自治区金融业和保险业的发展对促进当地产业结构优化升级的影响较为微弱。其中，金融和保险发展规模更多的是负向作用，而金融和保险发展效率更多的是正向作用。这说明金融业发展效率对产业结构优化升级的效果要强于金融业的发展规模，金融机构在扩张时应该兼顾效率。

银行相关系数的绝对值基本大于保险相关系数，说明银行业对产业结构优化升级的作用更显著。一方面，因为银行业是金融业的主体，拥有大量资金和储蓄，占据着垄断地位；另一方面，内蒙古自治区的保险业和证券业起步较晚，落后于我国东中部地区。从表7-6可知，内蒙古自治区的国有银行较多，在银行市场的占有量约为35.28%，全国（不含内蒙古）国有银行在银行市场的占有量约为32.29%。国有银行效率相对于股份制银行较低，可能是内蒙古自治区银行业发展规模的负面影响大于保险业发展规模的原因之一。因此，从产业结构优化升级的角度来看，内蒙古自治区的金融资产对产业结构优化升级作用不大，虽有正向作用，但系数较低，影响较为微弱。

表7-6　内蒙古自治区银行网点数

	中国银行	工商银行	建设银行	农业银行	交通银行	国有银行	银行总数
内蒙古	265	364	333	565	34	1561	4425
全国（不含内蒙古）	10627	16063	14891	23169	3144	67894	209842

数据来源：中国人民银行官网

四、总结和政策建议

（一）研究小结

本章分析了金融政策对企业竞争力、产业结构和居民消费的影响，并且用实证方法分析了银行和保险行业对产业结构升级的影响。具体研究结论如下：

利率政策于2015年以后由市场经济主体决定，这使得内蒙古自治区的实体经济利润率有所提高，也给予企业再投资的可能，推动了当地经济发展。

货币政策使得内蒙古自治区存贷款差额（存款减贷款）降低，并在2017年降为负数，这增强了当地的企业竞争力，并且提高了资金使用效率，促进了当地经济的发展。

汇率政策对企业和居民都有正负两方面的影响。一方面促使经济结构优化升级，降低了部分进口国外原材料企业的生产成本，提高该企业的竞争能力，也使得居民消费能力增强；另一方面也导致部分企业利润降低，甚至破产、倒闭，减少了企业的融资渠道，还使得部分居民面临失业风险。

实证研究结果证明，内蒙古自治区的金融政策对于当地的产业结构优化升级有着正向的和负向的作用。在内蒙古自治区，银行和保险行业的发展规模对当地产业结构的优化升级具有负向作用；而银行和保险行业的发展效率则具有正向作用。从整体来看，银行的作用强度要远大于保险行业。研究还探讨了12盟市的具体情况，可以看到银行业和保险业在内蒙古自治区对经济发展的效益整体上略有不平衡，这里不再赘述。

（二）政策建议

根据上述研究，我们针对内蒙古自治区的金融政策提出以下建议：

（1）因地制宜，完善适应内蒙古自治区自身特点的金融政策

研究表明，内蒙古自治区的金融发展与经济发展之间有正向相关关系，但这种相关关系较为微弱，并且具有地区差异，说明内蒙古自治区的金融发展与经济发展有着空间性划分。因此，在不同盟市之间应实行不同的、差别化的金融政策，各个地区的金融政策应与经济发展相协调适应。内蒙古自治区的金融效率、保险效率也应当继续提升，这就需要完善法律、法规等各项规章制度。我们在实证研究中还发现，12盟市的金融行业发展存在差距，且对经济的影响不同。因此，金融政策不可"一刀切"，各盟市需要根据本地区实际情况来制定。

（2）发挥市场的作用，增加对商业性金融机构的支持，支持保险、证券业协同发展

利率政策在对市场放开后，会促进地区经济增长。内蒙古自治区商业银行较少，低于全国平均水平，可以制定相应的政策鼓励商业性金融机构来投资设点。例如，可以对新设商业银行网点实行税收优惠，鼓励这些商业银行及当地的企业参与融资，盘活当地资金。同时，还应重视保险、证券行业在经济发展中的作用，给予优惠支持，推动其协同发展。

（3）吸引外资，扩大金融资金来源

在前面的数据分析中可以看到，我国民族地区的固定资产投资中外资占比很低，多存在金融资金不足的问题。政府需要制定优惠政策为民族地区吸引外资，例如降息、免税等政策，稳定民族地区的资金支持。这将有利于推动民族地区的产业结构优化升级，促进当地企业提高竞争力，推动当地资金的流动，盘活资金，从而促进经济增长。

（4）对金融机构进行政策调整，加大对中小企业提供支持

中小企业作为市场中的重要参与者，对经济发展有着重要作用。金融机构可以通过降低贷款门槛、实行差别化利率等政策给中小企业提供更多流动资金，推动其在科技开发、产业结构升级等方面的资金投入，进而促进当地经济发展。

（5）加大对保险行业的重视程度

从上文分析可知，内蒙古自治区的保险密度与保险深度虽在不断发展，但与全国乃至发达国家的水平仍然有较大差距。从对产业结构升级的影响来看，保险效率对产业结构优化升级呈正向作用，因此内蒙古自治区应提高对保险行业的重视程度，通过提高保险行业的效率来推动当地产业结构升级，进而实现经济增长。

第八章　我国民族地区经济扶持政策展望

处理好民族关系是一个多民族国家实现长治久安的必然要求。中华人民共和国成立以来，中国共产党和中央政府一贯重视民族问题，创造性地建立了民族区域自治制度。由于历史、地理、文化等原因，民族地区多为经济不发达或欠发达地区，我国政府实施了多种扶持政策和优惠政策，这些政策对于促进国家的稳定和民族地区的全面发展发挥了不可替代的作用。经济社会发展一直是民族地区的中心任务。自中华人民共和国成立以来，关于民族地区经济增长和经济扶持政策的研究就成为我国政府和国内学者密切关注的话题之一。本书借鉴了大量非民族经济研究文献中的方法，通过合理运用，对经济扶持政策的发展、分类、现状和作用机理进行分析，从财政政策、税收政策和金融政策三个主要角度，来研究其与民族地区经济增长的关系。基于上述研究结果，我们结合我国实际与基础经济理论，以内蒙古自治区为例，提出加快当地经济发展与科学制定经济扶持政策的建议，进而抽取共性，推广到全国，提出对全国民族地区经济扶持政策的一些思考。

一、关于民族地区经济扶持政策的几点思考

在研究接近尾声之时，结合民族地区经济扶持政策和具体民族地区实际经济发展情况，我们发现扶持政策对地区经济增长的主导作用影响显著。这种影响既体现在正向促进上，也体现在负向影响上。在此我们

将有关于民族地区经济扶持政策的几点思考汇总如下。

（一）关注经济扶持政策的正负双向作用

我国的民族地区经济扶持政策无论从演化时间还是从覆盖范围上看，都是一个非常宏大的政策体系，在经过了复杂的传导路径之后，牵扯到了经济社会的方方面面，形成了预期内或意料外的效应，既有积极效应，也有消极效应。这是在政策的制定和实施中必须正视的问题。

下面以转移支付政策为例具体阐述。我们的研究已经表明，中央对内蒙古转移支付的资金总额和内蒙古经济增长之间不是简单的线性关系，而是非线性关系。转移支付，尤其是一般性转移支付增加了省级财政能力，却没有体现在经济相应的增长上。根据前人文献可知，其他民族地区也具有类似的现象，即单纯地增加转移支付的力度是不能等效地提高经济发展水平的。

出现这种现象有三个原因：第一，政策本身存在多条传导路径，具有正负双向的影响，过多的转移支付在一定程度上会对经济发展起到阻碍作用。转移支付的负向影响主要表现在地方财政对上级政府转移支付的依赖性和地方政府财政支出结构的劣化上。第二，政策制定与现实存在脱节的问题。例如，从内蒙古自治区全区角度看，一般性转移支付对经济呈现了正向作用，而专项转移支付则呈现出负向作用。专项转移支付在设计和落实中存在很多问题，因此成为当前转移支付改革的重点之一。第三，政策落实中存在效率不高的问题。例如，在内蒙古的各盟市中，中部地区转移支付效率远高于西部和东部地区，这一方面与各地经济发展水平有关，另一方面也体现了不同地区的政府财政能力有差距。

关注经济扶持政策的正负双向作用要求在政策的执行过程中不要搞"一刀切"，要加强政策制定前的可行性分析，考虑政策可能带来的正面和负面的影响，在政策实施和评估中要深入实地、走入基层，不断进行调整和优化。此外，我们还需要加强民族政策实施的监督力度，尤其要充分发挥各民族群众的社会舆论监督作用。

（二）关注政策体系的多元化目标之间的"效益悖反"

"效益悖反"（Trade-off）是指对同一资源的两个方面处于相互矛盾的关系之中，要想较多地达到其中一个方面的目的，必然使另一个方面的目的受到部分损失。具有多元化目标的系统往往存在着效益悖反问题。

下面以收税政策为例进行分析。税收政策的目标会随着整个社会政治经济环境的变化而改变。从我国的发展来看，我国的社会主义市场经济体制决定了税收目标的多元性，同时也分为不同的层次。从本质上看，税收政策目标主要包含四个方面内容：第一，税收作为国家财政收入的重要部分必须得到保障；第二，税收政策促使社会资源配置更加合理；第三，税收政策对经济增长有推动作用；第四，税收政策保证了全社会收入分配的公平。以内蒙古为例，内蒙古主体税种有增值税、营业税、企业所得税、个人所得税、契税，占全区税收收入的比重达四分之三以上。2018年，内蒙古税收收入完成1394.8亿元，占全区一般公共预算收入的75.1%。增加税收可以增强政府的财政能力，而减税（这里主要指结构性减税）则可以调控经济结构，促进经济发展。税收政策体系存在着明显的效益悖反问题。

从具体税种来看，增值税的减税会促进内蒙古经济的增长，也有助于资本边际产出的增加；个人所得税的增加会促进内蒙古经济的增长，但会降低劳动力的产出边际。因此，对于具体税种的"增"或者"减"也存在着效益悖反问题。

关注效益悖反就是要在政策的制定、实施、监管和绩效评价的过程中系统化、全局化、多角度地考虑本政策与其他政策的制约关系和本政策内部目标之间的制约关系。

（三）关注经济扶持政策的包容性

近年来，我国民族地区在取得了巨大的发展成就的同时，也存在着发展失衡、生态环境被破坏、资源缺乏等"非包容性"问题，迫切需要在"包容性增长"的视域下实现民族地区高质量可持续的发展，保证全体人民在共建共享发展中有更多获得感。民族地区经济增长的包容性就是要通过加速民族地区经济结构转型，协调民族地区经济发展与社会发展多方面的问题，帮助解决民族地区贫困、教育、就业、医疗等问题，在实现民族地区机会均等、高质量可持续增长的基础上，使得包含除汉族以外其他民族群众在内的每个人都能公平地参与经济增长的机会和分享经济增长成果，提升民族地区居民生活幸福感水平。

习近平总书记指出："中国特色社会主义进入新时代，我国社会主要矛盾已经转化为人民日益增长的美好生活需要和不平衡不充分的发展之间的矛盾。"从全国范围看，不充分和不平衡发展最突出就体现在民族地区。民族地区与发达地区存在发展差距，既体现在发展的结果上，也体现在发展的过程上，更体现在发展的驱动力上。

国务院2016年发布的《国家人权行动计划（2016—2020年）》指出："保障少数民族经济发展权利，促进民族事业发展，加大财政投入和金融支持，改善基础设施条件，支持民族地区发展优势产业和特色经济，确保到2020年在民族地区基本消除绝对贫困现象。"可以说，民族地区的贫困治理，2020年前主要解决的是生存问题，2020年后主要解决的则是发展机会均等和发展成果的共享，即"发展的包容性"问题。

具有包容性的民族地区经济扶持政策主要体现在下列三个方面。

（1）调整经济发展的驱动力，转变经济增长方式

第一，通过前文研究可知，我国民族地区仍然以第二产业为主，主要依赖于资源的开发，工业品以初级产品为主，相对效益较低。民族八省区（西藏除外）的原材料工业和采矿业在工业中的占比都高于全国的24%，尤其是内蒙古、青海、宁夏和新疆这些矿产资源丰富的地区更是超过了50%。以矿产资源开发为重点的产业发展模式的产业关联度低、就业吸纳能力有限，对地方经济发展的拉动作用小。从长远来看，民族八省区的经济增长可持续性差、稳定性差、惠民性差，资源的过度开发还常常带来生态环境的恶化。因此，以资源驱动经济发展的模式迫切需要调整。

第二，通过前文研究可知，民族地区经济增长的主要驱动力是投资（资本形成），其中，以贵州省、云南省、青海省、宁夏回族自治区最为显著，并且国家投资占比较高。同时，与东部地区相比，民族地区的政府消费对经济增长的贡献率普遍更高。依赖大规模外部投资（尤其是国家投资）驱动民族地区经济发展的模式是难以为继的。此外，民族地区的货物和服务净流出基本都为负值，即本地区产生的商品和服务不能满足本地区的消费，还需要大量进口。因此，以投资驱动经济发展的方式迫切需要调整。

第三，通过前文研究可知，与东部发达省份相比，民族八省区的工业企业在科研、创新方面的人力和财力投入还有着非常大的差距，区域创新能力不足仍然制约着西部地区的内生发展。技术对民族地区的经济发展具有重要作用。考虑到技术扩散渠道主要有贸易、外商直接投资、交流等，因此，民族地区要积极进行贸易、外商直接投资和交流等经济活动，加快发达地区向民族地区的技术扩散。

调整经济发展的驱动力，就是要充分认识新时代民族地区比较优势的变化，着力延伸产业链和提升附加值。第一，根据民族地区的地理资源禀赋与在全国主体功能区中的地位，发展具有民族特色的优势产业，例如，旅游业、民族文化产业、生态康养产业等。这些产业既是环境友好型产业，又是益贫式产业。第二，加强对民族地区企业的创新技术扶持，包括资金支持和政策环境的改善，加强与高校和科研单位的合作、加强与对口支援地区的技术合作。第三，要充分利用"一带一路"建设和国内产业地理重塑的发展机遇，承接国际和国内产业的转移，升级和优化本地区的产业结构。

（2）重视民生领域发展，增强人民获得感和幸福感

通过前文研究可知，民族地区在居民收入、教育、医疗等民生领域都取得了较大的发展，但与东部省份相比还有巨大的差距，且城乡差距扩大。从发展的充分性上来看，民族地区与东部发达地区相比，还存在多个方面的差距。民族地区内部的发展也不平衡。在当前和未来相当长时期内，我国必将在民族地区继续施行经济扶持政策，如缩小城乡差距、推动精准扶贫、加大公共服务事业的财政投入等。

（3）推动普惠型政策的发展

普惠型政策可以理解为普惠民生的公共政策，即可以给大众带来利益、实惠的公共政策，主要代表为普惠金融和普惠型税收减免。

2016年，《内蒙古自治区普惠金融发展规划（2016—2020年）》发布，提出"到2020年，建立与全面建成小康社会相适应的普惠金融服务和保障体系，有效提高金融服务可得性，明显增强人民群众对金融服务的获得感，显著提升金融服务满意度，满足人民群众日益增长的金融服务需求，特别是要让小微企业、农牧民、城镇低收入人群、贫困人群和残疾人、老年人等及时获取价格合理、便捷安全的金融服务"。2019

年，《财政部税务总局关于实施小微企业普惠性税收减免政策的通知》规定了小微企业普惠性税收减免政策的四种优惠：免税标准提高至10万元，超额累进计算减税力度更大，地方税费可在50%内减征，税收优惠可叠加享受。

二、我国民族地区经济扶持政策未来研究展望

关于民族地区经济发展和相关经济扶持政策的研究在当前及未来将一直是一个重点。未来，笔者包括其他研究人员可以基于本书的研究方法、成果和思考展开新的研究。主要方向包括以下三个部分：

在包容性经济增长的视域下，民族地区应该如何转变发展思路？中央和地方层面应该如何调整制定经济扶持政策的思路？

在对政策影响经济机制的研究中，计量经济学的方法存在着一定的局限性。接下来的研究中，我们将尝试把系统科学的思想引入，试图对政策作用机制进行更加有效的描述。

"互联网+"作为一种新型商业模式，给民族地区的经济发展带来了新的机遇。在"一带一路"倡议的背景下，我们将尝试探索基于"互联网+"形态的推动民族地区经济发展和产业转型升级的可行路径，并对相应的扶持政策的制定和影响效应进行分析。

参考文献

[1] Dabla–Norris E. *Issues in Intergovernmental Fiscal Relations in China*[J]. *Social Science Electronic Publishing*, 2005, 05(30):1–28.

[2] Huang B,Chen K. *Are Intergovernmental Transfers in China qualizing?* [J]. *China Economic Review*, 2012, 23(3):534–551.

[3] Shah A, Qibthiyyah R, Dita A. *General purpose central—provincial—local transfers (DAU) in Indonesia: from gap filling to ensuring fair access to essential public services for all*[J]. *Social Science Electronic Publishing*, 2012, 179(3):320–326.

[4] Sinn H W. *Germany's Economic Unification: An Assessment after Ten Years*[J].*Review of International Economics*, 2002, 10(1):113–128.

[5] Tsui K Y. *Local tax system, intergovernmental transfers and China's local fiscal disparities*[J]. *Journal of Comparative Economics*, 2005, 33(1):173–196.

[6] Wu, Y. R, *Income Disparity and Convergence in China's Regional Economics*[J]. *University of Western Australia Discussion Paper*, 1999, 15(1):1–15.

[7] Kerk L. Phillips, Baizhu Chen. *Regional Growth in China: An Empirical Investigation using Multiple Imputation and Province-level Panel Data*[J]. *Article provided by Elsevier in its journal Research in Economics*, 2011, 65(3): 243–253.

[8] Cheng Yuk-shing. *Conference on Emerging China: Internal Challenges and Global Implications*[D]. *Victoria University, Melbourne*, 2006.

[9] Hao, Rui and Zheng Wei. "Source of Income Differences across Chinese provinces during the Reform Period: a Development Accounting Exercise", *The Developing Economies*, 2009, (37)1, 1-29.

[10] Kumar, Subodh and Russell, R. Robert. *Technological Change, Technological Catch-up, and Capital Deepening: Relative Contribution to Growth and Convergence"*[J]. *American Economic Review*, 2002, 92(3), 527-548.

[11] Evan S. Lieberman. *National Political Community and the Politics of Income Taxation in Brazil and South Africa in the Twentieth Century*? [J]. *Politics and Society*, 2001, 29(4):515-555.

[12] Frida Widmalm. *Tax Structure and Growth: Are Some Taxes Better Than Others?* [J]. *Public Choice*, 2001, 107(3-4):199-219.

[13] Keith Marsden. *Links Between Taxes and Economic Growth, Some Empirical Evidence* [J]. *World Bank Staff Working Papers*, 1983(605).

[14] R. Alison Felix. *Passing the Burden: Corporate Tax Incidence in Open Economies* [J]. *Regional Research Working Paper*, 2007(468).

[15] Roy W. Bahl, Richard M. Bird. *Tax Policy in Developing Countries: Looking Back and Forward* [J]. *National Tax Journal*, 2008, 61(2):279-301.

[16] Robert G. King、Ross Levine. *Finance and Growth: Schumpeter Might be Right*[J]. *The Quarterly Journal of Economics*, Vol. 108, No. 3. (Aug., 1993), pp. 717-737.

[17] Jean-Claude Berthélemy, Aristomene Varoudakis. *Economic Growth, Convergence Clubs, and the Role of Financial Development*[J]. *Oxford Economic Papers*, February 1996.

[18] Panicos O. Demetriades, Khaled A. Hussein. *Does financial development cause economic growth? Time-series evidence from 16 countries*[J]. *Journal of Development Economics*，1996Vol.51:387–411.

[19] M. Kabir Hassan, Benito Sanchez, Jung–Suk Yu. *Financial development and economic growth: New evidence from panel data*[J]. *Journal of Development Economics*, October 2003.

[20] Lin Liu. *The direction of causality between financial development and economic growth*[J]. *Journal of Development Economics*, October 2003.

[21] 鲍曙光. 我国财政转移支付财力均等化效应研究[J]. 中央财经大学学报, 2016 (03)：3–11.

[22] 郑长德. 中国少数民族地区经济发展质量研究[J]. 民族学刊, 2011, 2(1)：1.

[23] 财政部财政制度国际比较课题组. 日本财政制度[M]. 北京：中国财政经济出版社, 1998：40–54.

[24] 曹俊文, 罗良清. 转移支付的财政均等化效果实证研究[J]. 统计研究, 2006(01)：43–45.

[25] 陈建, 蒲冰怡. 财政转移支付均等化效应分析——基于基尼系数分解的视角[J]. 财政研究, 2014(10)：29–32.

[26] 陈娜. 内蒙古转移支付的财政均等化效果研究[D]. 成都：西南财经大学, 2014.

[27] 戴平生, 陈壮. 我国转移支付的地方财力均等化效应——基于水平公平与垂直公平分解的实证研究[J]. 统计研究, 2015 (05)：20–25.

[28] 邓子基, 林致远. 财政学[M]. 北京：清华大学出版社, 2004.

[29] 郭庆旺, 贾俊雪, 高立. 中央财政转移支付与地区经济增长[J]. 世界经济, 2009(12)：15–26.

[30] 贾飞. 我国政府间转移支付面临的问题和对策研究[D]. 北京：财政部

财政科学研究所, 2014.

[31] 贾俊雪, 郭庆旺, 高立. 中央财政转移支付、激励效应与地区间财政支出竞争[J]. 财贸经济, 2010(11)：52-57.

[32] 贾康, 梁季. 中央地方财力分配关系的体制逻辑与表象辨析[J]. 财政研究, 2011(01)：5-14.

[33] 蒋洪, 朱萍. 公共经济学[M]. 上海：上海财经大学出版社, 2005.

[34] 江杰, 李志慧. 地方财政能力差异与转移支付均等化效应分析——基于湖南的实证研究[J]. 地方财政研究, 2006(03)：21-25.

[35] 江庆, 李光龙. 分税制、转移支付与县域财政差距——基于安徽省个案的研究[J]. 财贸研究, 2010(04)：75-82.

[36] 赖桂贤. 缩小地区差距与规范财政转移支付制度[J]. 四川财政, 1997(07)：9-11.

[37] 李晖. 省内转移支付对县际财力均等化效应的影响：基于H省的实证分析[J]. 武汉大学学报（哲学社会科学版）, 2014 (02)：20-28.

[38] 李萍. 中国政府间财政关系图解[M]. 北京：经济科学出版社, 2006.

[39] 李祥云, 徐淑丽. 我国政府间转移支付制度的平衡效应——基于2000—2010年省际面板数据的实证分析[J]. 中南财经政法大学学报, 2012(4)：39-41.

[40] 李湘昀. 国外转移支付制度比较与借鉴[J]. 中央财政金融学院学报, 1994(11)：51-53.

[41] 李　花, 李阳, 李秀玲. 财政转移支付制度均等化效果的实证分析——以山东县域为例[J]. 地方财政研究, 2012(7)：22-28.

[42] 刘溶沧. 重建中国政府间财政转移支付制度的总体构想[J]. 管理世界, 1996(4)：68-77.

[43] 柳爽. 财政转移支付的财力均等化效应分析——以天津为例[J]. 金融财税, 2011(12)：118-120.

[44] 楼继伟. 完善转移支付制度, 推进基本公共服务均等化[J]. 中国财政, 2006(3)：78-87.

[45] 全国人民代表大会. 中华人民共和国预算法(2014年修正)[Z]. 2014.

[46] 四川省预算会计研究会. 国外转移支付制度概述[J]. 信息报导, 36-38, 8-13.

[47] 孙开, 温馨. 中国地区间财力差异的空间结构探析[J]. 河北经贸大学学报, 2015(02)：48-51.

[48] 田发, 周琛影. 城市财力均等化水平测算与缺口度量：以上海为例[J]. 财贸研究, 2013(01)：70-77.

[49] 田旭, 张传庆. 基于泰尔指数的西藏区域财力均等化差异分析[J]. 技术经济与管理研究, 2014(11)：20-21.

[50] 童春林. 我国财政转移支付法律制度完善的理论基础[J]. 南昌大学学报, 2008(1)：13-16.

[51] 童翠云. 安徽省财政转移支付财力均等化效应研究[D]. 合肥：安徽大学硕士学位论文, 2016.

[52] 涂立桥. 中央转移支付的财力均衡效应实证研究[J]. 统计与决策, 2013(05)：148-150.

[53] 王鹏, 杜捷, 陈思, 朱云飞. 基尼系数为视角的财政转移支付均等化效果研究——基于吉林省的实证分析[J]. 财政研究, 2012(06)：89-93.

[54] 王鹏, 杜婕. 我国政府间财政转移支付制度存在的问题及对策[J]. 经济纵横, 2011(02)：118-121.

[55] 吴旭东, 王秀文. 地方政府财政自给能力实证分析[J]. 财经问题研究, 2013(12)：28-31.

[56] 徐艺. 转移支付对中国县级财力差距的影响研究[M]. 北京：中国社会科学出版社, 2016.

[57] 杨加猛, 张智光, 刘忠信. 财政转移支付的绩效评价分析——来自江苏

的实践[J]. 财会通讯（学术版），2007(05)：126-129.

[58] (英)大卫·李嘉图. 政治经济学及赋税原理（第1版）[M]. 周洁译. 北京：华夏出版社, 2005.

[59] 高铁梅. 计量经济分析方法与建模：Eviews应用及实例（第2版）[M]. 北京：清华大学出版社, 2006.

[60] 高鸿业. 西方经济学（第4版）[M]. 北京：中国人民大学出版社, 2007.

[61] 李子奈, 潘文卿. 计量经济学（第3版）[M]. 北京：高等教育出版社, 2010.

[62] (英)威廉·配第. 赋税论（第1版）[M].邱霞, 原磊译. 北京：华夏出版社, 2006.

[63] 萧政著, 李杰译. 面板数据分析（第2版）[M]. 北京：中国人民大学出版社, 2012.

[64] 中国注册会计师协会. 税法[M]. 第1版. 北京：经济科学出版社, 2014.

[65] 安体富, 王海勇. 结构性减税：宏观经济约束下的税收政策选择[J]. 涉外税务, 2004(11)：7-12.

[66] 储德银, 崔志坤. 论积极财政政策中的税收政策取向[J]. 财贸研究, 2004(3)：86-90.

[67] 高培勇. 结构性减税：2009年税收政策的主基调[J]. 涉外税务, 2009(1)：5-7.

[68] 甘肃省国家税务课题组. 结构性减税对甘肃省经济税收的影响[J]. 税务研究, 2009(11)：74-77.

[69] 高培勇. 2010：结构性减税要与税制改革相对接[J]. 税收征纳, 2010(2)：4-10.

[70] 高培勇. 结构性减税, 不能只问项目不论规模[J]. 经济, 2012(06)：11.

[71] 高培勇. 走稳"结构性减税"的路[J]. 涉外税务, 2012(11)：5-8.

[72] 霍铮, 李洋, 邵文台. 今年我市企业将获税收减免29. 68亿元[N]. 太原日

报, 2009-03-31(002).

[73] 何代欣. 当前结构性减税面临的深层次问题及化解对策[J]. 税务研究, 2013(2)：17-21.

[74] 刘军. 实施积极的财政政策与发挥税收的调节作用[J]. 税务研究, 1999(09)：10-13.

[75] 刘普照. 宏观税负与经济增长的相关性研究[D]. 上海：复旦大学, 2003.

[76] 来英. 减税：理论解释与实证分析[J]. 财经论丛, 2004(3)：27-32.

[77] 刘爱菊, 杨淼. 论国际税收竞争及我国的税收政策选择[J]. 西安财经学院学报, 2005(02)：90-93.

[78] 李绍荣, 耿莹. 中国的税收结构、经济增长与收入分配[J]. 经济研究, 2005(05)：118-126.

[79] 路春城, 黄志刚. 包容增长视角下结构性减税政策研究[J]. 中国财经大学学报, 2011(2)：7-10.

[80] 林巧龙. 地方政府债务风险的评估与监控——基于资产负债表的分析[D]. 厦门：厦门大学, 2014.

[81] 马衍伟. 结构性减税：理论创新和实践探索[J]. 人民论坛·学术前沿, 2012(01)：60-65.

[82] 马衍伟. 结构性减税政策的理论分析和政策探讨[J]. 中国财政, 2013(03)：22-24.

[83] 庞凤喜, 张念明, 潘孝珍. 结构性减税政策：现实约束、实际效应与优化路径[J]. 财政经济评论, 2012(12)：48-65.

[84] 乔录生. 辽宁省税种结构变动对经济增长效应的实证研究[D]. 沈阳：辽宁大学, 2013.

[85] 任寿根. 实际最优税制改革理论与我国税制改革（下）[J]. 涉外税务, 2006(10)：8-13.

[86] 孙智勇. 我国结构性减税的相关问题研究[D]. 重庆：重庆大学, 2010.

[87] 司规. 结构性减税：回顾与展望[J]. 中国税务, 2010(2)：4-6.

[88] 孙良辰. 需求膨胀与财政政策的选择[J]. 中央财政金融学院学报, 1987(02)：64-67.

[89] 孙智勇, 刘星. 结构性减税的路径选择[J]. 改革, 2010(2)：50-54.

[90] 李忠. 我国税收负担对经济增长的影响研究[D]. 重庆：西南大学, 2012.

[91] 田颖. 我国增值税扩围改革问题研究[D]. 天津：天津财经大学, 2013.

[92] 魏一鹏. 结构性减税的空间分析及其政策选择[J]. 新疆财经, 2003(3)：41-43.

[93] 魏一鹏, 杨祝. 结构性减税的空间分析及其政策选择[J]. 吉林财税高等专科学校学报, 2003(2)：23-25.

[94] 王学峰, 李淑萍. "营改增"扩围中应突破的困境[J]. 经济研究参考, 2014(66)：12-13.

[95] 杨卫华. 关于进一步完善结构性减税政策的研究[J]. 涉外税务, 2010(1)：12-16.

[96] 袁玉荣. 结构性减税政策促进产业升级与转型的效果分析[J]. 商业时代, 2010(19)：103-104.

[97] 闫坤, 于树一. 论金融危机下中国结构性减税[J]. 税务研究, 2011(1)：13-20.

[98] 杨颖, 王昊. 结构性减税背景下促进地方发展的税收政策分析[J]. 会计之友, 2013(2)：51-55.

[99] 郑幼锋. 结构性减税有助于缓解通货膨胀[J]. 财政研究, 2008(8)：37-39.

[100] 张国钧. 结构性减税与宁波制造业转型发展研究[J]. 中国税务, 2011(7)：30-31.

[101] 张念明. 基于税制优化的结构性减税政策研究[J]. 中南财经政法大学学报, 2012(3)：16-21.

[102] 赵惠敏, 蔺大勇. 结构性减税与小微企业发展[J]. 当代经济研究, 2012(8): 48–52.

[103] 周清. 结构性减税政策的效果评价及调整方向[J]. 中国财政, 2012(10): 34–35.

[104] 马勇, 田拓阮, 卓阳. 金融杠杆、经济增长与金融稳定[J]. 金融研究, 2016(6): 37–51.

[105] 郝路露. 区域金融如何作用于区域经济发展[N]. 光明日报, 2014–10–15.

[106] (美)雷蒙德. W. 戈德史密斯. 金融结构与金融发展[M]. 周朔译. 上海: 上海人民出版社, 1994.

[107] 白钦先. 金融结构、金融功能演进与金融发展理论的研究历程[J]. 经济评论, 2005(3): 39–45.

[108] (美)西蒙·库兹涅茨. 现代经济增长[M]. 戴睿, 易诚译. 北京: 北京经济学院出版社, 1989.

[109] (美)保罗·萨缪尔森, 威廉·诺德豪斯. 经济学[M]. 于健译. 北京: 人民邮电出版社, 2013.

[110] 王曙光. 金融发展理论[M]. 北京: 中国发展出版社, 2010.

[111] 周绍东, 谢浩然. 经济金融化程度的定量测度: 基于中国数据[J]. 经济论坛, 2018(2): 131–138.

[112] 江春, 苏志伟. 金融发展如何促进经济增长[J]. 金融研究, 2013(9): 110–123.

[113] 张文凯, 彭涛. 供给侧结构性改革背景下防范系统性金融风险研究[J]. 金融理论与教学, 2017(1): 19–24.

[114] 龙佳丽. 现代服务业理论研究[J]. 商业现代化, 2016(25): 28–29.

[115] 纪志宏. 存贷比地区差异研究——基于商业银行分行数据的研究[J]. 金融研究, 2013(5): 12–32.

[116] 张举科. 全面把握保险功能作用服务地方经济建设[J]. 甘肃金融, 2017(11)：4–7.

[117] 林春, 王伟. 东北区域金融发展与产业结构调整的实证分析——基于 VEC模型和Granger检验[J]. 财会月刊, 2016(12)：66–71.

[118] 陈芳, 刘志珍. 推动金融信贷产品创新实现经济金融良性互动——鄂尔多斯市金融信贷产品创新情况调查[J]. 内蒙古金融研究, 2009(11)：49–52.

[119] 李义平, 刁文. 中国经济金融化再思考[J]. 河北学刊, 2016(3)：111–115.

[120] (美)雷蒙德. W. 戈德史密斯. 金融结构与金融发展[M]. 周朔译. 上海：上海人民出版社, 1994.

[121] 王兆有. 改进金融业增加值核算[J]. 中国金融, 2015(20)：79–80.

[122] 高勇. 浅议优化商业银行"存贷比"指标的十种途径[J]. 金融理论与教学, 2015(5)：8–12.

[123] 颜立湘. 我国商业银行盈利能力及其影响因素研究[D]. 长沙：长沙理工大学, 2013.

[124] 侯丽艳, 梁平, 张文镔. 经济法概论[M]. 北京：中国政法大学出版社, 2012.

[125] 徐忠. 中国稳健货币政策的实践经验与货币政策理论的国际前沿[J]. 金融研究, 2017. (1)：14.

[126] 王刚. 金融业回归本源的思考[J]. 金融博览, 2017(9)：12–13.

[127] 史玉强. 加强直接融资是降杠杆、防风险的利器[J]. 商业文化, 2017(22)：80–81.

[128] 母红云. 金融体系与实体经济关系的反思[J]. 知识经济, 2017(4)：53–55.

[129] 梁志元, 孙莹. 存量与增量：银行不良贷款的反思与化解[J]. 新金融,

2017(1)：51–54.

[130] 张文应，李向，丁万里. 关于鄂尔多斯市金融业发展中存在的问题及改进方向[J]. 北方金融，2015(2)：52.

[131] 郑良，海侯英. 依法治国背景下经济新常态与证券业发展[J]. 经济师，2016(2)：107–108.

[132] 白钦先，张坤. 论政策性金融的本质特征——公共性[J]. 中央财经大学学报，2015(9)：23–30.

[133] 赵国新. 供给侧结构性改革背景下内蒙古保险业发展研究[J]. 北方金融，2016(7)：21–25.

[134] 周凯. 我国金融风险的防范与化解[J]. 企业导报，2015(8)：158–183.

[135] 张红梅. 当代中国少数民族经济发展政策研究[M]. 北京：宗教文化出版社，2007.

[136] 王文长. 民族视角的经济研究[M]. 北京：中国经济出版社，2008.

[137] 金炳镐. 新中国民族政策60年[M]. 北京：中央民族大学出版社，2009.

[138] 郑长德. 伟大的跨越：中国少数民族地区经济发展70年[J]. 民族学刊，2019，10(06)：1–8、106、108.

[139] 郑长德. 中国少数民族地区包容性发展研究[J]. 西南民族大学学报（人文社会科学版），2011，32(06)：120–127.

[140] 李明文. 非经济因素对边疆多民族贫困地区经济发展的影响及对策——云南澜沧拉祜族自治县竹塘乡调查研究[J]. 思想战线，1997(06)：64–68.

[141] 刘庸. 民族地区经济发展的九大制约因素[J]. 西北第二民族学院学报（哲学社会科学版），2003(02)：55–59.

[142] 易永清. 非经济因素与民族地区可持续发展[J]. 边疆经济与文化，2006(12)：5–6.

[143] 张千友，王兴华. 民族地区：自然资源、经济增长与经济发展方式的

转变研究——基于2000—2009省际面板数据的实证分析[J]. 中央民族大学学报（哲学社会科学版），2011, 38(04)：24–30.

[144] 温军. 中国少数民族经济政策稳定性评估（1949—2002年）（上）[J]. 开发研究, 2004(03)：40–45.

[145] 温军. 中国少数民族经济政策稳定性评估（1949—2002年）（下）[J]. 开发研究, 2004(04)：19–23.

[146] 彭秋虹. 论中国共产党第三代领导集体的民族经济政策[D]. 北京：中央民族大学, 2005.

[147] 郑长德, 罗布江村. 中国少数民族地区经济发展方式转变研究[M]. 北京：民族出版社，2010.

[148] 张丽君, 韩笑妍, 王菲. 中国民族经济政策回顾及其评价[J]. 民族研究, 2010(04)：42–53.

[149] 王玉玲. 论民族地区财政转移支付制度的优化——基于历史和现实背景的分析[J]. 民族研究, 2008(01)：29–38.

[150] 刘玉, 刘毅. 区域政策的调控效应分析——以我国财政转移支付制度为例[J]. 地理研究, 2003(02)：192–200.

[151] 王朝才, 王继洲. 在建立规范的财政转移支付制度中扶持民族地方发展的措施研究[J]. 经济研究参考, 2004(12)：18–23.

[152] 罗玉斌. 少数民族地区经济发展的影响因素及解决措施分析[J]. 中国集体经济, 2017(30)：4–5.

[153] 胡玉娇. 西双版纳少数民族地区基础教育发展影响因素及对策分析[D]. 昆明：云南大学, 2014.

[154] 张璞, 郭琦, 杨海燕. 西部少数民族地区文化产业发展影响因素分析[J]. 商业时代, 2013(29)：139–141.

[155] 成联聪. 边疆少数民族地区经济发展模式探索——以弥勒市少数民族地区为例[C]. 云南省科学技术协会、红河州人民政府、中国通信

学会. 第六届云南省科协学术年会暨红河流域发展论坛论文集——专题一：红河流域特色产业转型升级. 云南省科学技术协会、红河州人民政府、中国通信学会：云南省机械工程学会, 2016：297–304.

[156] 杨红娟, 司婷. 少数民族贫困地区人口迁移与经济增长的耦合关系演进研究[J]. 经济问题探索, 2017(06)：103–110.

[157] 张强, 长青, 赵岩. 少数民族地区城乡居民收入差距影响因素分析——以内蒙古为例[J]. 内蒙古科技与经济, 2017(23)：11.

[158] 邓春. 民族地区特色旅游经济发展策略研究——以陵水黎族自治县为例[J]. 贵州民族研究, 2017, 38(04)：176–180.

[159] 刘俊峰. 基于区域经济发展新格局下西部民族地区的发展研究[J]. 中国商论, 2016(Z1)：146–150.

[160] 严红. 中国西部民族地区经济发展路径转型研究——基于改革开放以来的考察与分析[J]. 云南社会科学, 2017(04)：40–46.

[161] 内蒙古自治区人民政府网站, http://www.nmg.gov.cn/.